Legemethoden und Deutung der Zigeuner-Wahrsagekarten

Arbeiten mit den Zigeuner-Wahrsagekarten - Schaue deinem Schicksal in die Karten und lerne deine Zukunft zu sehen!

von
Karin Knödler

Weitere Bücher der Autorin:

Das Zigeuner-Lenormand-Deutungsbuch, *Kartenlegen – die Kunst mit überliefertem Wissen seine Zukunft zu sehen* von Karin Knödler (Bohmeier Verlag)

© **4. Auflage, Copyright 2016 by Bohmeier Verlag, D-04357 Leipzig, Oelssnerstr. 2, Germany, Tel.: +49 (0) 341-6812811 - Fax: +49 (0) 341-6811837. Immer erreichbar über unsere Internet-Homepage: www.magick-pur.de**

© **Coverbild und Covergesamtkonzeption von J. A. Davis Gesamtherstellung: Bohmeier Verlag, Printed in Germany**

ISBN 978-3-89094-458-6

Inhaltsverzeichnis

Vorwort

Die Tradition des Kartenlegens befriedigt so wie alle anderen Wahrsagetechniken seit Urzeiten die Sehnsucht der Menschen nach Offenbarung der Zukunft und des eigenen Schicksals. Heute schon wissen, was morgen geschieht? Dem Schicksal in die Karten schauen? Wer kennt diese Wünsche nicht?

Die Menschen strebten schon immer danach, Macht und Anerkennung auf dieser Welt zu finden. Sie möchten mehr erreichen als alle anderen! Denkst auch du darüber nach, was sollst du machen, was ist das Beste für dich, durch welche Wege kannst du noch mehr erreichen? Mit der Macht, heute schon zu wissen, was morgen geschieht, kannst du dir diesen Wunsch erfüllen.

Dein Geist und deine Seele kamen als winziges Element, kleiner als ein Staubflöckchen, vom Universum auf die Erde. Du bist hier, um die dir übertragenen Aufgaben zu erfüllen. Deine Zukunft wurde bereits vor dieser Zeit besiegelt, und das Fundament für dein Haus des Lebens hat dir Gott auf deinem Lebensweg in deiner Seele mitgegeben. Alles, was du hier auf Erden erleben wirst, ist für dich vorherbestimmt. Es gibt in dieser körperlichen Welt keine Zufälle, es gibt nur vorherbestimmte Schicksale.

Lerne dieses Schicksal mit den Zigeuner Wahrsagekarten vorzeitig kennen, und du bist für alle Lebenssituationen gerüstet! Ja, du hast mit diesem Wissen den Schlüssel in der Hand, mehr zu sein als alle anderen! Das Orakel der Zigeuner Wahrsagekarten wird dir die Tür zum Universum öffnen, du wirst die Macht und die Mystik der Unendlichkeit spüren!

Vorbemerkungen

Wie lerne ich die Karten kennen?

Das Kartenlegen mit den Zigeuner Wahrsagekarten kann jeder erlernen, auch du. Sie sprechen vor allem eine klare und verständnisreiche Sprache und sind sehr gut zum Erlernen geeignet. Du benötigst dazu ein 36er Zigeuner Wahrsage Kartendeck und dieses Buch mit den einzelnen Bedeutungen der Karten. Sehr wichtig sind bei diesen Karten auch die vielen Doppelkombinationen. Dieses Buch enthält mein ganzes Wissen und wird dir helfen, dass du dein Ziel, ein guter und zuverlässiger Kartenleger bzw. eine Kartenlegerin zu werden, damit erreichen wirst. Lerne fleißig.

Diese Deutungen und Kombinationen solltest du weitgehend auswendig lernen. Ein Buch ist immer ein gutes Nachschlagewerk, aber die Vertrautheit mit den Karten, die Inspirationen und die Mystik sollten dir gängig und vertraut sein. Das Lernen der Bedeutungen der Karten kannst du mit dem Erlernen einer Fremdsprache vergleichen. Jedes Bild hat eine eigene Aussage und jede Legung eine eigene Geschichte. Du kannst ja ohne Wortschatz und ohne Vokabeln auch keine Sprache dieser Welt sprechen. Und so ist es eben auch bei dem Deuten eines Kartenbildes.

Wenn du dies gut gelernt hast, wirst du feststellen, das du beim Betrachten eines Legesystems nicht mehr nur die einzelnen Karten betrachtest, sondern die Karten sind wie ein offenes Buch, aus dem du die Geschichte „Schicksal" heraus lesen kannst.

Es ist auch sehr wichtig, dass du Achtung und Respekt vor deinen Karten hast, sie sollten dir auch keine Angst machen. Mit dem Wissen, das du über die Karten von dir und anderen Menschen erfährst, bist du in einer sehr starken Machtposition. Du hältst mit deinen Karten eine starke mystische Kraft in der Hand. Geh vorsichtig damit um und sei dir der Macht, die du damit besitzt, bewusst.

Leg niemals unter Zeitdruck oder wenn du dich nicht danach fühlst. Sie könnten sich dadurch negativ und falsch präsentieren und du könntest somit großen Schaden anrichten. Vor allem brauchst du Ruhe, einen sauberen gereinigten Tisch, ein lila Untertuch und eventuell eine brennende Kerze. Die Atmosphäre und die Mystik müssen im Einklang mit dir sein.

Wenn du für andere Menschen die Karten legst, sei bitte vorsichtig bei deinen Aussagen. Sag niemals: „Du bist krank", sondern bringe diesen Menschen dazu, seinen Lebenswandel positiv zu ändern. Solltest du finanziellen Ruin in den Karten sehen, sage dann nicht, du stehst vor einem finanziellen Ruin, sondern warne ihn vor finanziellen Risiken. So kann er sich auf die Situation einstellen und ist gerüstet, wenn das Schicksal ihn einholt. Du solltest auch bedenken, dass die Menschen, die zur dir kommen, positive Dinge von dir hören möchten. Eine Frau, die nach langem alleine Sein endlich die große Liebe kennen lernen möchte, trägt schwer daran, wenn du dies in ihrer Zukunft nicht sehen kannst. Es werden dich also nicht alle Menschen glücklich verlassen. Bleibe aber bei deinen Deutungen immer bei der Wahrheit, aber sei behutsam bei der Wortwahl. Das ist das Leben eines Kartenlegers bzw. einer Kartenlegerin. Hast du die Macht des Universums einmal gespürt, lässt sie dich niemals mehr los. Die Tür der Zukunft hat sich somit für dich geöffnet. Das ist dann dein Schicksal.

Wie mische ich die Karten?

Beim Mischen der Karten solltest du dich ganz auf die jeweiligen Fragen und Probleme konzentrieren. Mische die Karten solange, bis sie sich warm in deinen Händen anfühlen oder bis du dieses ganz besondere Gefühl hast, dass die Karten jetzt in der richtigen Reihenfolge auf dem Kartenstapel liegen. Wenn du die Karten für jemanden anderen legst, so lass den Fragesteller selbst die Karten mischen.

Viele Kartenleger und Kartenlegerinnen lassen auch ein paar Mal abheben. Egal wie du es machst, denk immer daran, dieses Kartenbild, das du gleich legen wirst, hat eine ganz bestimmte Geschichte für den Fragenden, und da ist es egal, wie lange du mischst oder wie oft du abgehoben hast. Es erscheint immer das gleiche Schicksal.

Wie lege ich die Karten aus?

Soll ich die Karten der Reihenfolge nach auslegen, oder soll ich aus dem Kartenstapel einzelne Karten heraus ziehen? Das ist immer wieder eine der häufigst gestellten Fragen. Auch hier gilt, mache es, wie du dich fühlst, das richtige Bild mit deinem Schicksal wird dann erscheinen. Es ist nur eines wichtig, du musst dich bereits beim Mischen entscheiden, wie du die Karten auslegen möchtest. Nur so kann auch das richtige Bild ein Gesicht bekommen.

Wenn du dich entschieden hast, die Karten aus dem Stapel zu ziehen, so ziehe immer aus dem verdeckten Kartendeck.

Zum Auslegen hast du die Möglichkeit, dein Kartenbild verdeckt oder offen zu legen. Ich empfehle bei großen Legesystemen immer, offen die Karten auszulegen. So erkennst du schneller Kombinationen und Doppelbedeutungen. Bei kleineren Legesystemen findest du es vielleicht spannender, verdeckt auszulegen.

Wie oft darf man für eine Person die Karten legen?

Die Tageskarte ist sicherlich eines der Legesysteme, die du jeden Tag legen kannst. Du legst jeden Tag eine Karte für das, was heute auf dich zukommen wird. Bei den nachfolgenden vorgestellten Legesystemen empfiehlt es sich, mindestens einige Tage oder Wochen zu warten. Ein großes Kartenbild sagt dir dein Schicksal bis zu zwei Jahren voraus. Und bei Legesystemen, bei denen du bestimmte Fragestellungen für einen bestimmten Zeitraum abfragst, ist es unsinnig, alle paar Tage auf eine bestimmte Frage oder zum selben Thema zu legen. Die Karten belügen dich nicht, und so wird die Deutung zu ein und derselben Fragestellung am anderen Tag sicherlich nicht anders ausfallen.

Für Anfänger sind aus großen Kartenbildern Ereignisse sehr schwer zu sehen und zu deuten. Fang deshalb mit der Tageslegung und der Wochenlegung an. Wenn du dann die Mystik der Karten spürst, übe auch mit großen Legungen.

Ich denke, jetzt bist du bereit, die einzelnen Kartenbilder kennen zu lernen!

Die Bedeutung der einzelnen Karten

Beständigkeit

Einzelaussage
Die Karte *Beständigkeit* symbolisiert das Berufsleben! Stabilität, an etwas festhalten, nicht loslassen können, Vorsicht vor Abhängigkeit. Durch Ausdauer wirst du deine Ziele erreichen. Es sind keine großen Veränderungen in Sicht!

Beruf
Deine beruflichen Interessen können in den Vordergrund gestellt werden, der Einsatz lohnt sich, fällt die Karte in ihr eigenes Haus, solltest du dich beruflich nicht verändern.

Finanzen
Beständige stabile Finanzen, keine finanziellen Veränderungen.

Beständigkeit	constancy
stabilité	costanza
stalnost	állandóság

Liebe und Leidenschaft
Stabile Verbindung. Bist du auf der Suche nach einer neuen Liebe, wirst du wohl noch etwas warten müssen, hast du sie bereits gefunden, bleibt dir dein Partner treu.

Familie und Freunde
Du kannst dich auf deine Freunde verlassen. Deine Familie hält zu dir. Ohne besondere Vorkommnisse.

Gesundheit
Alle Krankheiten sind überstanden, du musst dir keine Sorgen mehr machen.

Unerwartete Einflüsse
Egal, wo du Kummer und Sorgen hattest, es wird wieder ruhiger in deinem Leben, eine Streitsache wird zu deinen Gunsten entschieden, in der Partnerschaft glätten sich die Wogen und wenn du berufliche Probleme hattest, werden sich auch diese unerwartet lösen. Du kommst langsam, Stück um Stück, an dein Ziel!

Beständigkeit in Verbindung mit:		
Besuch		Außendienstmitarbeiter
Besuch	Dieb	Vorsicht vor Vertretern.
Botschaft		Eine berufliche Nachricht.
Botschaft	Dieb	Abmahnung
Botschaft	Unglück	Kündigung
Botschaft	Geld	Gehaltserhöhung
Botschaft	Richter	Rechtssache, Arbeitsgericht
Dieb		Vorsicht vor falschen Kollegen.
Eifersucht		Eifersüchtiger Kollege
Etwas Geld		Kleine Gehaltserhöhung
Falschheit		Es wird dir am Arbeitsplatz etwas Falsches mitgeteilt.
Feind		Du hast Feinde unter den Arbeitskollegen.
Fröhlichkeit		Tolles Betriebsklima
Gedanken		Gedanken über eine berufliche Veränderung.
Geistlicher		Dieser Arbeitsplatz ist karmisch.
Geld		Große Gehaltserhöhung, Beförderung.
Geliebte/r		Du liebst jemanden aus der Firma.
Geschenk		Du wirst beschenkt, Jubiläum.
Glück		Es klappt alles, was du beruflich in Angriff nimmst.
Glück	Geld	Dir stehen alle Türen in der Berufswelt offen.
Haus		Heimarbeit
Heirat		Gute Voraussetzungen für einen Berufswechsel.
Hoffnung		Wunsch nach beruflicher Veränderung.
Kind		Umstrukturierung am Arbeitsplatz.
Krankheit		Krankschreibung
Liebe		Du liebst deinen Beruf.
Liebe	Verdruss	Du wirst von einem Kollegen enttäuscht.
Offizier		Dein Chef
Offizier	Geld	Dein Chef ist von dir überzeugt, Gehaltserhöhung.
Offizier	Unglück	Dein Chef denkt an Kündigung.
Offizier	Feind	Du hast keine guten Karten bei deinem Vorgesetzten.
Reise		Du wirst geschäftlich verreisen.
Reise	Dieb	Du bekommst Probleme auf einer Geschäftsreise.
Richter	Unglück	Konkurs deiner Firma.
Richter	Geld	Deiner Firma geht es gut, keine Finanzprobleme.
Sehnsucht		Du hast Wünsche, die deinen Arbeitsplatz betreffen.
Sehnsucht	Liebe	Du möchtest mehr Anerkennung am Arbeitsplatz haben.
Sehnsucht	Verdruss	Du denkst an Kündigung.
Tod		Du wirst den Arbeitsplatz verlassen.
Tod	Glück	Du wirst den Arbeitsplatz verlassen, das ist gut für dich.
Tod	Unglück	Du wirst den Arbeitsplatz unfreiwillig verlassen müssen.

Traurigkeit		Du fühlst dich an deinem Arbeitsplatz nicht wohl.
Treue		Diesen Arbeitsplatz würdest du nie verlassen.
Unglück		Vorsicht vor einem Berufsunfall.
Unverhoffte Freude		Unerwartete Beförderung
Verdruss		Die Arbeit macht dich krank.
Verlust		Du hast Angst, deinen Arbeitsplatz zu verlieren.
Witwe/r		Keine Bedeutung

Besuch

Einzelaussage
Besuch kündigt sich an oder nette kleine Gesellschaft.

Beruf
Nimm die Hilfe von Kolleginnen oder Kollegen an.

Finanzen
Solltest du gerade etwas kaufen wollen, sagt dir die Karte, dass du mehrere Angebote prüfen solltest.

Liebe und Leidenschaft
Hast du eine feste Verbindung, fordert dich diese Karte auf, deinem Partner doch mehr Aufmerksamkeit teil werden zu lassen. Mit Zusatzkarte *Reise*, wirst du mit deinem Partner Bekannte oder

Besuch — visit
visite — visita
posjeta — látogatás

Freunde besuchen. Solltest du keine feste Verbindung haben, wird mit Sicherheit eine lang ersehnte Begegnung mit einem anderen Menschen stattfinden.

Familie und Freunde
Durch deine Familie oder deine Freunde lernst du viele interessante Menschen kennen. In Verbindung mit der Karte *Brief*, wirst du bald Gäste empfangen. In Verbindung mit *Gedanken*, solltest du über Freunde nachdenken, die du schon lange einmal besuchen wolltest.

Gesundheit
Ob dich eine Krankheit heimsuchen wird, sagen dir nachfolgende Karten.

Unerwartete Einflüsse
In Verbindung mit der Karte *Unverhoffte Freude*, wirst du bald unerwartete Gäste empfangen, mit der Karte *Sehnsucht*, wirst du bei einem geplanten Fest, sehr einsam bleiben und mit der Karte *Heirat*, wirst du zu einer Hochzeit ein-

geladen. Bei einer Verbindung mit der Karte *Dieb* oder *Tod*, solltest du auf dein Eigentum wachen. Die Reihenfolge *Besuch, Dieb* und *Fröhlichkeit* sagt dir, dass du bei einer öffentlichen Veranstaltung bestohlen wirst. *Besuch* mit negativen Karten bedeutet immer Vorsicht.

Besuch in Verbindung mit:		
Beständigkeit		Geschäftsbesuch
Botschaft		Bei dem Treffen erhältst du wichtige Informationen.
Brief		Besuch wird schriftlich angekündigt.
Dieb		Der Besuch findet nicht statt, Diebstahl.
Eifersucht		Dein Gast erweckt Eifersucht in dir.
Etwas Geld		Kleine Freuden über deinen Gast.
Falschheit		Dein Gast ist nicht gerne gekommen.
Feind		Dein Gast will dir schaden.
Fröhlichkeit		Lustige Gesellschaft
Gedanken		Du planst eine Einladung.
Geistlicher		Kirchgang
Geld		Wertvoller Besuch
Geliebte/r		Dein Partner besucht dich.
Geliebte/r	Hochzeit	Du erhältst einen Heiratsantrag beim nächsten Treffen.
Geliebte/r	Unglück	Dein Partner teilt dir mit, dass er sich von dir trennen möchte.
Geschenk		Deine Gäste beschenken dich.
Glück		Ein Besuch macht dich glücklich.
Haus		Hausbesuch
Heirat		Einladung zu einer Hochzeit.
Hoffnung		Du hoffst, dass sich Freunde bei dir melden.
Kind		Dein Kind besucht dich.
Krankheit		Krankenbesuch
Liebe		Eine neue Liebe kommt auf dich zu.
Offizier		Gerichtsvollzieher
Reise		Deine Gäste kommen von weit her.
Richter		Freunde kommen dir bei Streitigkeiten zu Hilfe.
Sehnsucht		Du sehnst dich nach Freunden.
Sehnsucht	Geliebter	Du sehnst dich nach einem Partner.
Tod		Vorsicht, die Gäste sind dir feindlich gestimmt.
Traurigkeit		Ein Gast macht dich sehr traurig.
Treue		Ein guter Freund besucht dich.
Unglück		Vorsicht, die Gäste sind dir feindlich gestimmt.
Unverhoffte Freude		Du bekommst unverhofft Besuch.
Verdruss		Ein angekündigter Besuch ärgert dich.

| Verlust | | Du wirst bestohlen. |
| Witwe/r | | Eine Freundschaft geht zu Ende. |

Botschaft

Einzelaussage
Gute Nachricht, nette Überraschung.

Beruf
Achte auf Anzeigen und Stellenausschreibungen, es könnte eine wichtige Botschaft zum Weiterkommen für dich enthalten sein. Mit der Geldkarte wirst du ein neues Angebot mit großer Berufzukunft erhalten.

Finanzen
Fällt die Botschaftskarte in das Haus der Finanzen, will sie dir sagen, dass du dich über neue Geldanlageangebote informieren solltest. Folgt allerdings der *Tod*, der *Dieb* oder die *Verlust*karte, soll dir die Botschaft übermittelt werden, deine Finanzlage genauestens zu analysieren.

Botschaft message
message messaggio
poruka üzenet

Liebe und Leidenschaft
Achte auf den Pfeil Amors, er enthält eine wichtige Botschaft für dich.

Familie und Freunde
Die Kommunikation in der Familie sollte sorgfältig ausgeprägt werden. Du erhältst von deiner Familie oder über deine Familie wichtige Nachrichten, welche nachfolgende Karten zeigen.

Gesundheit
Die *Botschaft*karte in Verbindung mit einer anderen Karte kann dir Krankheiten voraussagen, aber sie verspricht eine schnelle Heilung. In Verbindung mit der Karte *Krankheit* spricht sie dir neuen Mut zu.

Unerwartete Einflüsse
Du wirst eine für dich wichtige Nachricht erhalten. Die nachfolgenden Karten sagen dir, um was es sich handelt. In Verbindung mit der Karte *Geistlicher*, wird es sich um eine seelische Nachricht, in Verbindung mit dem *Richter* um juristische Dokumente handeln. In Verbindung mit der Karte *Liebe*, wirst du von deiner Liebe eine Botschaft erhalten. Siehe dazu die Doppelkombinatio-

13

nen an. Gute Karten verstärken die Nachricht. Hast du deinem Partner einen Liebesbrief geschrieben und hast du im Haus des Unerwarteten die Kartenkombination, *Botschaft, Liebe, Brief* und *Dieb*, wird dir der Liebesbrief nicht beantwortet, es findet keine Kommunikation statt. Steht an der Stelle der Maus aber eine positive Karte, kannst du dich auf die zu erwartende Botschaft jetzt schon freuen.

Botschaft in Verbindung mit:		
Beständigkeit		Eine berufliche Nachricht.
Beständigkeit	Dieb	Abmahnung
Beständigkeit	Unglück	Kündigung
Beständigkeit	Geld	Gehaltserhöhung
Beständigkeit	Richter	Rechtssache, Arbeitsgericht.
Besuch		Ankunft von Besuch.
Besuch	Geliebter	Dein Partner wird dich besuchen.
Besuch	Liebe	Lieber Besuch
Besuch	Unglück	Vorsicht, die Gäste kommen mit schlechten Absichten.
Brief		Wichtige Dokumente
Brief	Liebe	Dokumente betreffen die Partnerschaft.
Brief	Dieb	Dokumente genau prüfen, Geschäftsbedingungen prüfen.
Brief	Reise	Brief aus dem Ausland.
Dieb		Nachricht erreicht dich nicht.
Eifersucht		Negative Gedanken; ernste Nachricht.
Etwas Geld		Kleine Geldüberweisung
Falschheit		Es wird dir was Falsches mitgeteilt.
Feind		Jemand will dir durch eine Falschaussage schaden.
Fröhlichkeit		Einladung zu einer großen Gesellschaft.
Gedanken		Gedanken über eine Nachricht.
Geistlicher		Schicksalhafte Nachricht.
Geld		Geldüberweisung
Geliebte/r		Neuigkeiten in der Partnerschaft.
Geschenk		Du wirst beschenkt.
Glück		Ein Glücksbote ist unterwegs.
Haus		Eine Nachricht kommt ins Haus.
Heirat		Einladung zu einer Hochzeit, vielleicht zu deiner eigenen.
Hoffnung		Nachricht auf Umwegen.
Kind		Neuigkeiten von einem Kind.
Krankheit		Arztbericht, Befund
Liebe		Lieber Besuch

Liebe	Brief	Liebesantrag
Liebe	Verdruss	Dein Partner enttäuscht dich.
Offizier		Nachricht von einer Behörde
Offizier	Geld	Brief vom Finanzamt
Reise		Nachricht über das Urlaubsland
Reise	Dieb	Du bekommst Bescheid, dass die Reise nicht stattfindet.
Richter		Nachricht über eine Rechtssache.
Richter	Geld	Rechtssache, es geht ums Geld.
Richter	Heirat	Rechtssache, es geht um die Partnerschaft.
Sehnsucht		Wünsche einer Kommunikation.
Sehnsucht	Liebe	Du möchtest etwas von deinem Partner hören.
Tod		Todesnachricht
Traurigkeit		Eine Mitteilung macht dich traurig.
Treue		Ein Freund schreibt dir.
Unglück		Unfallmeldung
Unverhoffte Freude		Unerwartete Nachricht
Verdruss		Eine Nachricht stimmt dich ärgerlich.
Verlust		Eine Nachricht bringt Ärger und Aufregung.
Witwe/r		Todesnachricht

Brief

Einzelaussage

Brief, Nachricht, Telefonate, E-Mail. Es gibt etwas Neues. Es kann aber auch Oberflächlichkeit symbolisieren.

Beruf

Lass dich bei deiner Arbeit nicht so leicht ablenken. Bei Projektarbeiten solltest du darauf achten, dass deine Mitarbeit nicht zu oberflächlich wirkt, strenge dich mehr an. Im Haus des Berufes steht der *Brief* in Verbindung mit der Karte *Geld* für berufliches Weiterkommen, in Verbindung mit schlechten Karten kann der *Brief* eine Kündigung enthalten und in Verbindung mit *Beständigkeit* handelt es sich um einen Arbeitsvertrag. Achte sehr auf die nachfolgenden Karten.

Finanzen
Prüfe deine Kontoauszüge, du hast sie bis jetzt zu sehr oberflächlich behandelt. In Verbindung mit der Geldkarte wirst du eine finanzielle Nachricht erhalten.

Liebe und Leidenschaft
Es handelt sich um eine persönliche Nachricht. Mit *Liebe* um eine Liebesnachricht, mit schlechten Karten um eine Trennungsmitteilung.

Familie und Freunde
Du erhältst von oder über deine Familie eine Information. In Verbindung mit *Kind* handelt es sich um eine Nachricht von einem Kind und in Verbindung mit der *PK* um eine Nachricht von deinem Partner. Die nachfolgenden Karten sagen dir, worum es geht.

Brief	letter
lettre	lettera
pismo	levél

Gesundheit
Die Karte *Brief* im Haus der Gesundheit will dir sagen, das etwas nicht in Ordnung ist, ob die Nachricht aus deinem Körper positiv oder negativ ist, sagen dir weitere Karten. In Verbindung mit der Karte *Krankheit*, handelt es sich um eine Krankschreibung. Achte auf jeden Fall auf deine Gesundheit.

Unerwartete Einflüsse
Du wirst eine nicht erwartete Nachricht erhalten. Du wirst über ein völlig unerwartetes Ereignis informiert. In Verbindung mit *Tod* handelt es sich um eine Todesnachricht, in Verbindung mit *Heirat* um eine Einladung zu einer Hochzeit, mit *Geld* um eine Geldüberweisung oder einem Scheck, mit dem *Richter* um juristische Dokumente usw.

Brief in Verbindung mit:		
Beständigkeit		Eine berufliche schriftliche Nachricht.
Beständigkeit	Dieb	Schriftliche Abmahnung
Beständigkeit	Unglück	Schriftliche Kündigung
Beständigkeit	Geld	Schreiben über eine Gehaltserhöhung.
Beständigkeit	Richter	Rechtssache, Arbeitsgericht – Schriftstück.
Besuch		Ein Gast kündigt sich schriftlich an.
Besuch	Geliebter	Mitteilung, dass dich dein Partner besuchen wird.
Besuch	Liebe	Ein lieber Besuch kündigt sich an.
Besuch	Unglück	Dein Gast hatte einen Unfall und kommt nicht.
Botschaft		Dein Gast meldet sich.

Dieb		Eine Nachricht erreicht dich nicht.
Eifersucht		Negative Gedanken; ernste Nachricht.
Etwas Geld		Kleine Geldüberweisung
Falschheit		Es wird dir was Falsches schriftlich mitgeteilt.
Feind		Jemand will dir durch eine Falschaussage schaden.
Fröhlichkeit		Einladung zu einer großen Gesellschaft.
Gedanken		Gedanken über eine schriftliche Mitteilung.
Geistlicher		Schicksalhafte Nachricht
Geld		Geldüberweisung
Geliebte/r		Neuigkeiten in der Partnerschaft.
Geschenk		Du wirst beschenkt.
Glück		Ein Glücksboote ist unterwegs.
Haus		Eine Nachricht kommt ins Haus.
Heirat		Einladung zu einer Hochzeit, vielleicht zu deiner eigenen.
Hoffnung		Nachricht auf Umwegen.
Kind		Neuigkeiten von einem Kind.
Krankheit		Arztbericht, Befund
Liebe		Lieber Besuch
Liebe und	Brief	Liebesantrag
Liebe und	Verdruss	Dein Partner enttäuscht dich.
Offizier		Nachricht von einer Behörde.
Offizier	Geld	Brief vom Finanzamt.
Reise		Nachricht über das Urlaubsland.
Reise	Dieb	Du bekommst Bescheid, dass die Reise nicht stattfindet.
Richter		Nachricht über eine Rechtssache.
Richter	Geld	Rechtssache, es geht ums Geld.
Richter	Heirat	Rechtssache, es geht um die Partnerschaft.
Sehnsucht		Wünsche einer Kommunikation.
Sehnsucht	Liebe	Du möchtest etwas von deinem Partner hören.
Tod		Todesnachricht
Traurigkeit		Eine Mitteilung macht dich traurig.
Treue		Ein Freund schreibt dir.
Unglück		Unfallmeldung
Unverhoffte Freude		Unerwartete Nachricht
Verdruss		Eine Nachricht stimmt dich ärgerlich.
Verlust		Eine Nachricht bringt Ärger und Aufregung.
Witwe/r		Todesnachricht

Dieb

Personenkarte
Männlicher oder weiblicher Feind.

Einzelaussage
Vorsicht vor Verlust und Diebstahl.

Beruf
Vorsicht vor Kündigung, geh immer korrekt mit Vorgesetzten um, Vorsicht vor Fehlern Intrigen von Kollegen und Kolleginnen! Du musst sehr aufpassen, dass du keine Fehler machst.

Finanzen
Du könntest betrogen werden, prüfe deine Finanzen genau, dein Eigentum wird von Stück zu Stück kleiner.

Dieb	thief
larron	ladro
lopov	tolvaj

Liebe und Leidenschaft
Liebe und Partnerschaft sind gefährdet, vielleicht fühlst du dich auch selbst als Dieb, hast du deinen Partner betrogen?

Familie und Freunde
Deine Familie oder deine Freunde sind nicht ehrlich zu dir. Du wirst von ihnen um etwas betrogen. Was sagen dir weitere Karten!

Gesundheit
Bestiehlst du deine Seele oder deinen Körper, achte mehr auf deine Gesundheit, treibe mehr Sport und lebe etwas gesünder! In Verbindung mit der Karte *Krankheit* oder *Tod*, solltest du sofort einen Arzt aufsuchen.

Unerwartete Einflüsse
Ein geplantes Vorhaben findet nicht statt, die folgenden Karten geben dir Auskunft, um welchen Verlust es sich handelt. In Verbindung mit der Karte *Reise* wird die geplante Reise leider nicht stattfinden, die Gründe, weshalb, ersiehst du aus den nachfolgenden Karten.

Dieb in Verbindung mit:		
Beständigkeit		Verwarnung von deinem Chef.
Beständigkeit	Unglück	Kündigung
Beständigkeit	Geld	Eine Gehaltserhöhung wird abgelehnt.
Beständigkeit	Richter	Vorsicht bei Rechtssachen.
Besuch		Einbruch
Besuch	Geliebter	Dein Partner besucht dich nicht.

Besuch	Liebe	Falsche Freunde kündigen sich an.
Besuch	Unglück	Dein Gast hatte einen Unfall und kommt nicht.
Botschaft		Dein Gast meldet sich nicht.
Brief		Ein Brief geht verloren.
Eifersucht		Eifersucht nagt an dir.
Etwas Geld		Eine kleine Geldüberweisung geht verloren.
Falschheit		Es wird dir was Falsches schriftlich mitgeteilt.
Feind		Jemand will dir schaden.
Fröhlichkeit		Ein Fest findet nicht statt.
Gedanken		Negative Gedanken
Geistlicher		Seelischer Verlust
Geld		Geldverlust
Geliebte/r		Dein Partner nimmt dir Energie weg.
Geschenk		Du wirst betrogen; Vorsicht bei Erbschaftsangelegenheiten.
Glück		Du hast zur Zeit kein Glück.
Haus		Einbruchgefahr
Heirat		Eine Hochzeit findet nicht statt.
Hoffnung		Eine erhoffte Nachricht erreicht dich nicht.
Kind		Neuigkeiten erreichen dich nicht.
Krankheit		Eine negative Lebenseinstellung macht dich krank.
Liebe		Die Liebe wird dir gestohlen.
Offizier		Feinde bei einer Behörde.
Reise		Eine Reise findet nicht statt.
Richter		Vorsicht bei Rechtssachen.
Sehnsucht		Wünsche erfüllen sich nicht.
Tod		Todesnachricht
Traurigkeit		Eine Mitteilung macht dich traurig.
Treue		Falsche Freunde
Unglück		Unfallmeldung
Unverhoffte Freude		Du erhältst Diebesgut zurück.
Verdruss		Ärger und Kummer.
Verlust		Eine Sache geht zu Ende.
Verlust	Heirat	Scheidung
Witwe/r		Endgültiges Ende

Eifersucht

Einzelaussage

Ein Hindernis stellt sich dir in den Weg. Eifersüchtiges und neidisches Verhalten auf andere.
Warnung vor zu geringem Selbstbewusstsein!

Beruf

Du hast in deinem Beruf Angst vor Überforderung, achte auch auf eifersüchtige Kollegen, oder bist du vielleicht einem Kollegen die Beförderung neidig?

Finanzen

Neid und Eifersucht sind schlechte Wegbegleiter, fast jeder muss für sein Geld schaffen, also, wenn du mehr haben möchtest, musst du dich schon ein wenig mehr anstrengen!

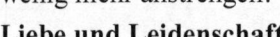

Eifersucht	jealousy
jalousie	gelosia
ljubomora	féltékenység

Liebe und Leidenschaft

Unklarheiten und ernste Krise in der Beziehung.

Familie und Freunde

Deine Familie ist nicht im Einklang mit sich. Es gibt Familienmitglieder oder Freunde, die eifersüchtig auf dein Leben schauen, was sie dir nicht gönnen, zeigen nachfolgende Karten.

Gesundheit

Achte darauf, dass deine Eifersucht dich nicht krank macht. Auf was du eifersüchtig bist, zeigen dir nachfolgende Karten.

Unerwartete Einflüsse

In Verbindung mit der Karte *Kind*, wünschst du dir ein Kind. In Verbindung mit *Geld* oder *Haus*, ist jemand auf dein Vermögen eifersüchtig. Ziehst du im Haus des Unerwarteten die Karten *Feind, Beständigkeit* und *Eifersucht*, so sagen dir die Karten, dass du im Berufsumfeld sehr vorsichtig vor falschen Kollegen sein musst, die Karten *Feind, Personenkarte* und *Eifersucht* warnen dich vor Gefahren in deiner Partnerschaft, die Karten *Eifersucht, Heirat* und *Unglück* bestätigen deine Eifersucht.

Eifersucht in Verbindung mit:		
Beständigkeit		Mobbing
Besuch		Ein Besucher macht dich eifersüchtig.
Botschaft		Eine Nachricht macht dich mürrisch.
Brief		Ein Brief gefällt dir nicht.
Dieb		Deine Eifersucht ist begründet.
Etwas Geld		Du hättest gerne mehr Vermögen.
Feind		Vorsicht vor Neidern
Gedanken		Negative Gedanken
Geliebte/r		Dein Partner macht dich eifersüchtig.
Glück		Du bist auf das Glück anderer eifersüchtig.
Krankheit		Deine Eifersucht ist krankhaft.
Liebe		Eifersüchtig achtest du auf deine Partnerschaft.
Traurigkeit		Deine Eifersucht macht dich traurig.
Treue		Ein Freund ist auf dich eifersüchtig.
Verlust	Heirat	Angst vor Scheidung
Andere Kombinationen sind ohne Bedeutung!		

Etwas Geld

Einzelaussage
Kleine Geschenke, kleine Erfolge, Kleingeld, kleine Besserung der Lage.

Beruf
Es herrscht am Arbeitsplatz eine harmonische und friedliche Zusammenarbeit, deine Arbeit wird anerkannt und du wirst deinen Lohn dafür ernten, eine berufliche Veränderung würde dich nicht weiterbringen.

Finanzen
Ständige kleine Geldeinnahmen, günstige Zeit für Geldanlagen, Vorsicht vor zu hoch erwarteten Gewinnen.

Etwas Geld	some money
un peu d'argent	un po' di denaro
nešto novca	kevés pénz

Liebe und Leidenschaft
Du führst eine harmonische Partnerschaft, die Vertrautheit und die Harmonie wird von Tag zu Tag größer, aber es entfacht nicht das Feuer der großen Leidenschaft.

21

Familie und Freunde
Dein Familienleben wird von Tag zu Tag beständiger. Es stellen sich kleine Freuden ein.

Gesundheit
Eine Krankheit könnte dich etwas Geld kosten, es könnten Kosten durch Zahnersatz oder eine Kur auf dich zu kommen, die zu bezahlenden Kosten sind aber gering.

Unerwartete Einflüsse
In Verbindung mit der Karte Reise, wirst du eine kleine Reise machen, hast du finanzielle Schwierigkeiten, werden diese ganz langsam behoben, in Verbindung mit Witwe oder Witwer, hast du ein kleines Erbe zu erwarten.

Etwas Geld in Verbindung mit:		
Beständigkeit		Kleine Gehaltserhöhung
Besuch		Kleiner Familienkreis
Botschaft		Mitteilung über kleine Geldüberweisung.
Brief		Schriftliche Mitteilung einer kleinen Geldüberweisung.
Dieb		Diebstahl im kleinen Umfang.
Falschheit		Falsche Einstellung für Kleinbeträge.
Feind		Jemand will dir etwas wegnehmen.
Fröhlichkeit		Kleine Gesellschaft
Gedanken		Gedanken an Vorbereitung kleiner Art.
Geistlicher		Kleine Spende
Geld		Aus Kleingeld wird Reichtum.
Geschenk		Kleine Geschenke
Geschenk	Liebe	Kleine Geschenke von deinem Partner.
Geschenk	Treue	Kleine Geschenke von Freunden.
Glück		Kleiner Gewinn
Haus		Günstige Miete, oder günstiges Kaufangebot.
Heirat		Ehe oder Vertrag bringt kleines Vermögen.
Hoffnung		Geldzufluss in Aussicht.
Kind		Kleingeld
Krankheit		Kleine Ausgaben für die Gesundheit.
Krankheit	Fröhlichkeit	Kur
Liebe		Kleine Fortschritte in der Beziehung.
Offizier		Geldzufluss durch eine Behörde.
Reise		Tagesausflug
Richter		Kleine Prozesskosten
Sehnsucht		Auch du träumst von mehr Geld.
Sehnsucht	Glück	Kleine Träume erfüllen sich.

22

Tod		Kleines Erbe
Traurigkeit		Du bist über deine Kaufkraft traurig.
Treue		Ein Freund hilft dir mit etwas Geld aus der Klemme.
Unglück		Du wirst kleine Beträge verlieren, Aktie, Börse.
Unverhoffte Freude		Du bekommst unverhofft einen kleinen Geldbetrag.
Unverhoffte Freude	Tod	Kleines Erbe
Verdruss		Du hast Geldsorgen.
Verdruss	Glück	Geldsorgen lösen sich auf.
Verlust		Geldverlust im kleinen Stil.
Witwe/r		Kleines Erbe
Weitere Kombinationen sind nicht von Bedeutung.		

Falschheit

Einzelaussage
Falsches Spiel, falsche Freunde, Lügen, hinterhältig.

Beruf
Fällt die *Falschheit* in das Haus des Berufes, so musst du ganz besonders auf hinterlistige Kollegen achten. Solltest du einen Berufs- oder Arbeitsplatzwechsel planen, warnt dich diese Karte davor, an diesem Arbeitsplatz herrscht Mobbing pur.

Finanzen
Die *Falschheit* weist auf eine Falle hin, sei bei Finanzanlagen sehr vorsichtig.

Falschheit	falseness
perfidie	falsità
neiskrenost	hamisság

Liebe und Leidenschaft
Du hast einen verlogenen und hinterhältigen Partner. Mit der Karte *Heirat* bist du in deiner Ehe nicht glücklich. In Verbindung mit der Karte *Geld,* liebt dein Partner nur dein Geld, nicht dich!

Familie und Freunde
Du hast falsche Freunde um dich, wenn die Karte *Treue* in Verbindung mit *Falschheit* auftritt. *Falschheit* in Verbindung mit *Kind*, wird dir ein hinterhältiges Kind mit Falschheit begegnen.

Gesundheit
Bei Krankheiten solltest du immer einen 2. Arzt zur Diagnose hinzuziehen.

Unerwartete Einflüsse
Jemand spielt ein falsches Spiel, es wäre besser, die Angelegenheiten aufzuklären. Um welche hinterhältigen Lügen es sich handelt, sagen nachfolgende Karten.

Falschheit in Verbindung mit:		
Beständigkeit		Mobbing
Besuch		Gäste belügen dich.
Botschaft		Eine falsche Mitteilung.
Botschaft	Geld	Eine falsche Geldmitteilung.
Botschaft	Liebe	Eine falsche Mitteilung über deinen Partner.
Botschaft	Eifersucht	Deine Eifersucht ist unbegründet.
Brief		Vertrag überprüfen
Dieb		Vorsicht, Betrüger sind unterwegs.
Eifersucht		Deine Eifersucht ist unbegründet.
Etwas Geld		Betrug im kleinen Stil.
Feind		Jemand will dir schaden.
Fröhlichkeit		Das ist nicht die richtige Gesellschaft für dich.
Gedanken		Gedanken neu sammeln
Geistlicher		Du besuchst den Gottesdienst nicht aus Überzeugung.
Geld		Betrug im großen Stil.
Geliebte/r		Dein Partner ist nicht ehrlich.
Geschenk		Bestechung
Glück		Jemand will dich hereinlegen.
Haus		Das ist nicht das richtige Haus.
Heirat		Falsche Einstellung zum Partner.
Heirat	Geld	Du wirst wegen deines Geldes umworben.
Hoffnung		Deine Hoffnungen erfüllen sich nicht.
Krankheit		Fehldiagnose
Liebe		Falsche Einstellung zum Partner.
Offizier		Gebührenrechnung überprüfen.
Reise	Glück	Die gewonnene Reise hat erhebliche Nebenkosten.
Reise	Liebe	Du bezahlst immer, wenn auch nicht mit Geld!
Richter		Gebührenrechnung überprüfen
Tod		Die Todesnachricht ist falsch.
Traurigkeit		Die Falschheit anderer macht dich traurig.
Treue		Du hast die falschen Freunde.
Unglück		Eine Unglücksbotschaft ist falsch.
Unverhoffte		Falsche Freunde sind entlarvt.

Freude		
Andere Kombinationen sind ohne Bedeutung.		

Feind

Personenkarte

Negative Personenkarte, dominanter Mann, unangenehmer Chef, feindlich gesonnene Person.

Einzelaussage

Frustration, Hemmungen, Hindernis, Blocken und Sturheit. Jemand will dir schaden.

Beruf

Steine werden dir in deine berufliche Laufbahn gelegt. Es fällt dir schwer, deine Aufgaben zu erledigen, dies kann allerdings durch eigene Blockade oder Sturheit hervorgerufen worden sein. In Verbindung mit der Karte *Beständigkeit* hast du Feinde an deinem Arbeitsplatz, Mobbing.

Feind — enemy
adversaire — nemico
neprijatelj — ellenség

Finanzen

Du musst mit Schwierigkeiten rechnen.

Liebe und Leidenschaft

Du wirst wohl nicht sobald deine große Liebe finden. Hast du einen Partner, so wirst du mit ihm frustrierende und lieblose Erfahrungen machen.

Familie und Freunde

In deiner Familie herrscht zur Zeit kein Zusammenhalt und keine Freude. Ihr findet nicht zueinander. Mit der Karte *Heirat* hast du Feinde in der eigenen Familie.

Gesundheit

Eine Heilung wird behindert.

Unerwartete Einflüsse

Du wirst dich mit einem unüberwindbaren Problem auseinander setzten müssen. Woher die Probleme kommen, zeigen nachfolgende Karten. Mit der Zusatzkarte *Tod*, wird dir etwas schwer zu schaffen machen, mit der Karte *Geistlicher* wird eine Veränderung blockiert, mit der Karte *Verdruss*, wird eine Aussprache verhindert.

Feind in Verbindung mit:		
Beständigkeit		Du hast am Arbeitsplatz Feinde.
Besuch		Diebstahl
Besuch		Ein Gast kommt nicht als Freund.
Botschaft		Jemand teilt dir absichtlich etwas Falsches mit.
Brief		Kleingedrucktes lesen!
Dieb		Diebstahl
Eifersucht		Deine Eifersucht ist begründet.
Etwas Geld		Kleiner Geldverlust
Falschheit		Große Gefahr
Fröhlichkeit		Ein Gastgeber will dir schaden.
Geistlicher		Du bist kein christlicher Mensch.
Geld		Großer Geldverlust
Geliebte/r		Dein Partner liebt dich nicht.
Geschenk		Ein Geschenk kommt nicht von Herzen.
Haus		Vertrag überprüfen
Heirat		Die Verbindung ist nicht glücklich.
Krankheit		Suche einen Arzt auf.
Liebe		Dein Partner liebt dich nicht.
Offizier		Bezahle deine Rechnungen.
Reise		Gefahrvolle Reise
Tod		Große Gefahr
Treue		Du hast falsche Freunde.
Unglück		Große Gefahr
Unglück	Geld	Großer Geldverlust
Unglück	Liebe	Trennung von deinem Partner.
Verdruss	Treue	Ein Freund betrügt dich.
Verlust	Liebe	Dein Partner betrügt dich.
Witwe/r	Liebe	Endgültige Trennung von deinem Partner.
Andere Kombinationen sind ohne Bedeutung.		

Fröhlichkeit

Einzelaussage

Kreativität, Öffentlichkeit, Kneipe, öffentliches Gebäude, Einladung zu einer großen Veranstaltung, eine positive Lebensphase ohne Sorgen.

Beruf
Du fühlst dich an deinem Arbeitsplatz recht wohl, es herrscht ein gutes Betriebsklima. Was du beruflich erreichen wolltest, hast du geschafft oder das Ziel ist sehr nahe.

Finanzen
Du kannst völlig entspannt auf dein Sparbuch oder deine Kontoauszüge sehen, alles läuft bestens, deine Ausgaben sind kleiner als deine Einnahmen. Dein Besitz und dein Geld machen dich glücklich.

Liebe und Leidenschaft
Du wirst mit deinem Lebenspartner schöne Stunden erleben! Freundlicher Umgang mit deinem Partner. Mit Verbindung der Karte *Liebe, Hochzeit* oder *Unerwartete Freude* wirst du bei einer Veranstaltung einen Menschen kennen lernen, der dir sehr viel bedeuten wird.

Familie und Freunde
Die Gefühle, die dir von deiner Familie entgegengebracht werden, sind freundlich, es herrscht Harmonie.

Gesundheit
Du wirst dich nach einer Krankheit sehr rasch erholen.

Fröhlichkeit	merriment
gaîté	allegrezza
veselje	örvendezés

Unerwartete Einflüsse
Einladung zu einer großen Veranstaltung, was du dort erleben wirst, sagen dir die nachfolgenden Karten.

Fröhlichkeit in Verbindung mit:	
Beständigkeit	Betriebsfest
Besuch	Nette Gesellschaft
Botschaft	Einladung zu einer Veranstaltung.
Brief	Schriftliche Einladung zu einem Treffen.
Dieb	Achte bei öffentlichen Auftritte auf deine Wertsachen.
Eifersucht	Dein Partner flirtet gerne mit anderen.
Etwas Geld	Kleines Treffen
Falschheit	Du bist nicht aus Überzeugung eingeladen worden.
Feind	Achte auf deine Wertsachen.
Gedanken	Du bist ein fröhlicher Mensch.
Geistlicher	Du gehst gerne zur Kirche.
Geld	Großes Fest

Geliebte/r		Dein Partner geht gerne aus.
Geschenk		Eine Einladung ist ein Geschenk für dich.
Glück		Du wirst Erfolg haben.
Haus		Familienfest
Heirat		Hochzeit
Hoffnung		Deine Hoffnungen erfüllen sich.
Kind		Kleines Fest, Kindergeburtstag.
Krankheit		Eine Krankheit wird geheilt.
Liebe		Du bist mit deinem Partner glücklich.
Offizier		Einladung zu einem Fest, höhere Kreise.
Reise		Eine Reise macht dich fröhlich.
Tod		Leichenschmaus
Treue		Freunde laden dich ein.
Unglück		Eine Veranstaltung solltest du besser nicht besuchen.
Unverhoffte Freude		Überraschende Einladung
Verdruss		Eine Veranstaltung solltest du besser nicht besuchen.
Verlust		Du wirst nicht eingeladen.
Witwe/r		Leichenschmaus

Gedanken

Einzelaussage
Pläne schmieden, nachdenken, Nerven, Psyche, Gefühle, seelische Bedürfnisse, Sensibilität.

Beruf
Du arbeitest in deinem Beruf mit großem Engagement, man kann sagen, du bist mit Leib und Seele bei deiner Arbeit.

Finanzen
Du befasst dich gedanklich sehr viel mit einer finanziellen Angelegenheit. Die nachfolgenden Karten sagen dir, welche Probleme auf dich zukommen werden. In Verbindung mit *Dieb* oder *Tod* gibt es sicherlich finanzielle Probleme, in Verbindung mit der Karten *Geld* oder *Etwas Geld,* wirst du über eine Geldanlage nachdenken müssen.

Gedanken	thought
pensée	pensiero
misao	gondolat

Liebe und Leidenschaft
Du lebest in einer Beziehung mit tiefen Gefühlen.

Familie und Freunde
Die Gefühle, die dir von deiner Familie entgegengebracht werden, kommen von Herzen.

Gesundheit
Depressionen. Achtung, mit der Karte Krankheit besteht Gefahr durch psychische Erkrankung.

Unerwartete Einflüsse
Du neigst zu Launenhaftigkeit und Traurigkeit. Schone dich eine Zeitlang. Gehe das, was du machen möchtest und woran deine Gedanken zur Zeit hängen, langsam an. Mit der Karte *Heirat*, würdest du gerne heiraten. In Verbindung mit der Karte *Traurigkeit*, steht dir eine schwierige Zeit bevor. Die nachfolgenden Karten sagen dir, mit was sich deine Gefühlswelt auseinander setzt.

Gedanken in Verbindung mit:		
Beständigkeit		Gedanken an einen beruflichen Wechsel
Botschaft		Du denkst oft an Freunde.
Dieb		Vorsicht, deine Ausarbeitungen sind nicht geschützt.
Fröhlichkeit		Ein Fest wird geplant.
Geld		Geldanlagen überdenken
Haus	Reise	Ein Umzug wird geplant.
Heirat		Du würdest gerne heiraten.
Kind		Du hättest gerne ein Kind.
Krankheit		Du hast Angst, krank zu werden.
Liebe		Dein Partner beschäftigt dich.
Reise		Du planst eine Reise.
Reise	Dieb	Eine Reise findet nicht statt.
Tod		Du denkst oft daran, dein Leben zu verändern.
Traurigkeit		Die Gedanken an einen Menschen machen dich traurig.
Traurigkeit	Geliebter	Die Gedanken an deinen Partner machen dich traurig.
Traurigkeit	Witwer	Du hast jemanden verloren und bist darüber traurig:
Treue		Du denkst oft an einen Freund.
Unglück		Du hast große Ängste vor Verlusten.
Verdruss		Du ärgerst dich.
Verlust		Gedanken an einen Verlust
Witwe/r		Du denkst oft daran, dein Leben zu verändern.
Andere Kombinationen sind ohne Bedeutung.		

Geistlicher

Personenkarte
Spiritueller Mensch, eventuell Pfarrer, Gelehrter!

Einzelaussage
Du suchst nach spiritueller Erfüllung in deinem
Leben. Klarheit, Musik, Kunst und Kirche.

Beruf
Die Einzelaussage dieser Karte in Bezug auf deinen
Beruf sagt dir, dass du von deinen Kollegen geschätzt wirst, weil du sehr menschlich mit allen
Mitarbeitern umgehst. Du findest in deinem Beruf
deine berufliche Erfüllung. Ruhe und Harmonie
sind dir wichtig. Eine soziale Berufsrichtung wäre
das Beste für dich.

Geistlicher ecclesiastic
pretre   sacerdote
svećenik   lelkész

Finanzen
Die Zweifel, ob du dein Geld richtig angelegt hast werden verschwinden.
Neue Erkenntnisse in schwierigen Phasen.

Liebe und Leidenschaft
Du lebest in einer Beziehung mit tiefen Gefühlen. Deine Partnerschaft ist dir
sehr wichtig und du wirst dort deine Erfüllung finden.

Familie und Freunde
Du wirst von allen geschätzt. Dein Umgangston wird von allen bewundert.

Gesundheit
Du solltest vor allem auf genügend Schlaf achten. Dein Körper braucht jetzt
Ruhe zum erholen. Ansonsten ist alles bestens.

Unerwartete Einflüsse
Du hast zurzeit ein feines Gespür, für alle wichtigen Angelegenheiten. Erfüllung in einem künstlerischem- oder sozialen Bereich. *Geistlicher* in Verbindung mit *Unglück*, Pechsträhne!

Geistlicher in Verbindung mit:		
Beständigkeit		Spiritueller Beruf
Botschaft		Kirchliche Nachricht
Besuch		Besuch vom Pfarrer
Brief		Kirchenblatt
Dieb		Spiritueller Verlust
Falschheit		Geistig verwirrt

30

Feind		Du bist kein Kirchgänger.
Fröhlichkeit		Spirituelles Seminar
Geliebte/r		Feste Beziehung
Geschenk		Spirituelles Geschenk
Glück		Glückliche Verbindung
Heirat		Kosmische Verbindung
Krankheit		Verwirrt
Liebe		Dein Partner ist ein Geschenk Gottes.
Reise		Spirituelle Reise
Sehnsucht		Sehnsüchte nach spiritueller Erfüllung.
Tod		Erinnerungsverlust
Treue		Geistige Verbundenheit
Unglück		Spiritueller Verlust
Unverhoffte Freude		Eine Idee lässt sich verwirklichen.
Verdruss		Spiritueller Verlust
Verlust		Spiritueller Verlust
Witwe/r		Spiritueller Verlust
Andere Kombinationen sind ohne Bedeutung.		

Geld

Einzelaussage
Materieller Reichtum, Wohlstand, Besitz, Gefühle.

Beruf
Du hast zurzeit die Möglichkeit, sehr viel Geld zu verdienen. Wenn du dich beruflich verändern möchtest, ist jetzt der richtige Zeitpunkt dafür. Hast du einen festen Arbeitsplatz, wäre es jetzt günstig, mit dem Chef über eine Gehaltserhöhung zu sprechen.

Finanzen
Die Zeit ist günstig, es zu Reichtum und Wohlstand zu bringen.
Du wirst in finanziellen Dingen immer Glück haben, egal was du unternimmst. Erkenne deine Chance.

Geld	money
argent	denaro
novac	pénz

31

Liebe und Leidenschaft

Wenn du einen Partner hast, hast du ihn wegen des Geldes geheiratet, oder du bleibst wegen des Geldes bei ihm. Solltest du einen neuen Partner kennen lernen, kommt eine lukrative Verbindung auf dich zu, aber nicht die ganz große Liebe. In Verbindung mit der Karte *Heirat* hast du wegen des Geldes geheiratet, oder wirst es tun.

Familie und Freunde

Du kannst dich auf jeden Fall auf deine Familie verlassen, sie gibt dir in jeder Situation halt.

Gesundheit

Achte auf deinen Alkoholkonsum, es besteht Suchtgefahr!
In Verbindung mit den Karten *Krankheit* oder *Tod* solltest du sofort einen Arzt aufsuchen.

Unerwartete Einflüsse

Fällt die Karte in das Feld Unerwartet, so wirst du es mit Sicherheit zu Wohlstand und Reichtum bringen, weitere Karten sagen dir wodurch.

Geld in Verbindung mit:		
Beständig-keit		Du wirst an deinem Arbeitsplatz sehr viel Geld verdienen.
Besuch		Du gibst dein Geld aus, so wie du es verdienst.
Botschaft		Nachricht über viel Geld.
Botschaft	Verlust	Nachricht über Geldverlust.
Botschaft	Glück	Gewinnmitteilung
Brief		Scheck, Überweisung
Dieb		Diebstahl im großen Umfang.
Eifersucht		Nicht jeder gönnt dir dein Vermögen.
etwas Geld		Es kommt Kleingeld zum großen Vermögen.
Falschheit		Falschgeld
Feind		Achtung, Konten und Investitionen überprüfen.
Fröhlichkeit		Dein Vermögen macht dich glücklich.
Geliebte/r		Dein Partner besitzt viel Vermögen.
Geliebter	Heirat und Falschheit	Heirat nur des Geldes wegen.
Geschenk		Geldgeschenk
Glück		Im Glücksspiel bist du erfolgreich.
Glück	Verlust	Im Glücksspiel verlierst du viel Geld.
Haus		Hauskauf
Heirat		Dein Partner bedeutet dir mehr als Geld und Vermögen.

Hoffnung		Deine Geldsorgen sind bald vorbei.
Kind		Kleingeld
Krankheit		Vorsicht, überprüfe deine Finanzlage.
Liebe		Alles bestens
Offizier		Geld durch eine Behörde.
Offizier	Verlust	Rückzahlung einer Schuld, Finanzschuld usw.
Offizier	Unglück	Große Rückzahlung
Reise		Eine große Reise antreten.
Richter		Geld durch Rechtsurteil.
Richter	Verlust	Geldverlust durch Rechtsurteil.
Sehnsucht		Finanzielle Wünsche
Sehnsucht	Glück	Wünsche nach einem besseren Leben, erfüllen sich.
Sehnsucht	Verlust	Wünsche nach einem besseren Leben, erfüllen sich.
Tod		Geldverlust
Tod	Glück	Deine Geldsorgen sind bald vorbei.
Tod	Unglück	Konkurs
Treue		Gute persönliche Einstellung zum Geld.
Unglück		Großer Geldverlust
Unverhoffte Freude		Plötzlicher Geldzuwachs
Verdruss		Ständige Geldsorgen
Verlust		Geldverlust
Witwe/r		Großes Erbe

Geliebte/Geliebter

Personenkarte
Mann oder Frau, Lebenspartner oder Lebenspartnerin!

Beruf
Stell dich in den Vordergrund. Behaupte dich!

Finanzen
Die Personenkarte sagt nichts über deine Finanzen aus.

Liebe und Leidenschaft
Achte darauf, dass du in der Partnerschaft nicht nur für andere da bist, behaupte dich.

Geliebte   sweetheart
bien-aimée   amante
ljubavnica   szerelmes nő

33

Familie und Freunde

Achte darauf, dass du im Freundeskreis nicht nur für andere da bist, fordere auch einmal etwas.

Gesundheit

Achte auf deine Gesundheit!

Unerwartete Einflüsse

Im Zusammenhang mit der Personenkarte sind die Doppelkombinationen sehr wichtig. Diese sagen dir, was dich ganz persönlich erwarten wird. Die eigene Personenkarte in Verbindung mit der anderen Personenkarte und *Heirat* werden dir sagen, dass du schon bald deine große Liebe heiraten wirst. Personenkarte mit Personenkarte und *Tod*,

Geliebter	lover
amant	amante
ljubavnik	szeretö

sagen dir eine Trennung voraus, mit *Eifersucht*, deine Eifersucht ist begründet. Deine Personenkarte mit *Geld* und *Dieb* warnen dich vor seelischem Kummer.

Geliebte/r in Verbindung mit:		
Beständig-keit		Gute beständige Partnerschaft.
Besuch		Jeder hat seine eigene Wohnung, keine Wohngemeinschaft.
Botschaft		Nachrichten vom Partner.
Botschaft	Eifersucht	Nachrichten über den Partner machen dich eifersüchtig.
Botschaft	Krankheit	Nachrichten über den Partner machen dich krank.
Brief		Brief vom Partner.
Brief	Liebe	Liebesbrief
Brief	Tod	Dein Partner teilt dir schriftlich mit, dass er dich verlassen wird.
Dieb		Eine andere Person hat es auf deinen Partner abgesehen.
Eifersucht		Du bist sehr eifersüchtig, oder dein Partner ist es.
Eifersucht	Tod	Durch deine Eifersucht vertreibst du deinen Partner.
Etwas Geld		Kleine Erfolge in der Partnerschaft.
Falschheit		Einer von euch beiden ist nicht ehrlich.
Feind		Keine gute Verbindung
Fröhlichkeit		Nette, gute Stimmung in der Partnerschaft.
Gedanken		Gedanken an eine Partnerschaft.
Geistlicher		Spirituelle Verbindung

Geld		Große Erfolge in der Partnerschaft.
Geschenk		Du hast mit deinem Partner einen guten Fang gemacht.
Glück		Dein Partner bedeutet dir sehr viel, mehr als alles andere auf der Welt.
Glück	Tod	Dein derzeitiges Glück wird dir genommen.
Haus		Ehe oder Wohngemeinschaft mit dem Partner.
Haus	Heirat	Ehe
Heirat		Hochzeit
Heirat	Geistlicher	Kirchliche Trauung
Hoffnung		Deine Hoffnungen, die du an deine Partnerschaft stellst, werden sich erfüllen.
Kind		Neue Partnerschaft, auch jüngerer Partner.
Krankheit		In der Beziehung kriselt es.
Liebe		Erfüllung in der Partnerschaft finden.
Liebe	Glück	Höchste Erfüllung finden
Offizier		Dein Partner ist sehr dominant.
Reise		Urlaub mit dem Lebensgefährten machen.
Sehnsucht		Sehnsucht nach der großen Liebe.
Sehnsucht	Heirat	Deine Sehnsucht nach der großen Liebe, erfüllt sich.
Sehnsucht	Verlust	Deine Sehnsucht nach der großen Liebe, erfüllt sich nicht.
Tod		Trennung
Tod	Richter	Scheidung
Tod	Heirat	Neuanfang nach einer schweren Zeit.
Traurigkeit		Lieblose Verbindung
Treue		Freundschaftliche Partnerschaft, keine sexuelle Beziehung.
Unglück		Unfall des Partners
Unverhoffte Freude		Dein Partner überrascht dich immer wieder.
Verdruss		Streitigkeiten in der Beziehung
Verdruss	Glück	Nach Streitigkeiten in der Beziehung folgt die Versöhnung.
Verdruss	Tod	Nach Streitigkeiten in der Beziehung folgt die Trennung.
Verlust		Trennung
Witwe/r		Einsam bleiben

Geschenk

Einzelaussage
Zufriedenheit durch die kleinen Dinge des Alltags!

Beruf
Arbeiten, die du gerade zu erfüllen hast, werden dir leicht von der Hand gehen.

Finanzen
Dein Geld ist Gewinn bringend angelegt.

Liebe und Leidenschaft
Du wirst schöne Zeiten in der Partnerschaft erleben. Dein Partner verwöhnt dich mit kleinen Dingen.

Familie und Freunde
Deine Familie und deine Freunde bedeuteten dir sehr viel. Sie gehören zu deinem Leben.

Geschenk	**gift**
cadeau	dono
dar	ajándék

Gesundheit
Nur Mut, schnelle Heilung!

Unerwartete Einflüsse
Du hast Glück! Das Leben beschenkt dich mit etwas. Womit? Das sagen dir die nachfolgenden Karten.

Geschenk in Verbindung mit:		
Beständigkeit		Du hast den richtigen Beruf gewählt.
Botschaft		Gewinnmitteilung
Brief		Dokumente werden dir geschenkt.
Dieb		Ein Geschenk erreicht dich nicht.
Eifersucht		Vorsicht, andere sind auf dein Geschenk eifersüchtig.
Etwas Geld		Kleinigkeiten geschenkt bekommen.
Falschheit		Es war wohl das falsche Geschenk für dich.
Fröhlichkeit		Einladung zu einer Veranstaltung.
Geistlicher		Spirituelles Geschenk
Geld		Großes Geldgeschenk
Geliebte/r		Halte diesen Partner fest.
Glück		Du hast ein leichtes Leben.
Glück	Liebe	Dein Partner schenkt dir sein Herz.
Haus		Geschenke für die Wohnung
Heirat		Geschenke zur Hochzeit

Hoffnung		Deine Hoffnungen erfüllen sich.
Kind		Kleine Geschenke erhalten die Freundschaft.
Krankheit		Ein Geschenk wurde nicht mit Liebe ausgesucht.
Liebe		Ein liebevolles Geschenk, das dir sehr viel Freude bereitet.
Liebe	Witwe	Ein liebevolles Geschenk, das dir sehr viel Freude bereitet, von deinen Eltern.
Offizier		Gute Nachricht von einer Behörde.
Reise		Reisegutschein
Richter		Gute Nachricht von einer richterlichen Seite.
Tod		Ein Geschenk verändert dein Leben.
Traurigkeit		Ein Geschenk macht dich traurig.
Treue		Geschenk von Freunden.
Unverhoffte Freude		Unverhoffte Freude
Verdruss		Ärger um eine Zuwendung.

Glück

Einzelaussage

Dies ist die positivste Karte des ganzen Decks. Die Karte sagt glückliche und schöne Zeiten voraus! Freude, Glück, Spaß, du bist ein richtiger Glückspilz.

Beruf

Du hast eine richtige Glücksphase, es stehen dir alle Türen offen. In Verbindung mit der Karte *Geld*, wirst du die verdiente und gewünschte Erfolgsleiter emporsteigen. Eine Bewerbung wird erfolgreich sein – nur Mut!

Finanzen

Die Zeit ist günstig, verwirkliche endlich deine Pläne, denn der Ausgang ist immer positiv. In Verbindung mit *Tod* oder *Krankheit*, wirst du auch eine finanzielle Durststrecke überstehen.

Glück	fortune
bonheur	fortuna
sreća	szerencse

Liebe und Leidenschaft
Schöne Zeiten stehen dir bevor. Du bist in der glücklichen Lage zu sagen, ich habe meine große Liebe gefunden oder du wirst den Partner fürs Leben finden.

Familie und Freunde
Deine Familie und deine Freunde bedeuten dir mehr als alles Geld der Welt.

Gesundheit
Eine Krankheit ist halb so schlimm wie befürchtet, du hast nochmals Glück gehabt!

Unerwartete Einflüsse
Die Hoffnung, das Glück zu finden, erfüllt sich, wie ein Wunder du wirst bessere und glücklichere Tage haben. Die Durststrecke ist endlich überstanden, deine Hoffnungen erfüllen sich. In Verbindung mit anderen Karten kannst du ersehen, in welcher Sache du Glück haben wirst. In Verbindung mit der Karte *Liebe* wirst du die große Liebe kennen lernen und in Verbindung mit der Karte *Heirat*, wirst du bald die Liebe deines Lebens heiraten.

Glück in Verbindung mit:		
Beständigkeit		Es klappt alles, was du beruflich in Angriff nimmst.
Besuch		Gute Freunde kommen auf Besuch.
Botschaft		Du erhältst eine sehr gute Nachricht.
Botschaft	Geld	Eine Geldsendung ist an dich unterwegs.
Brief		Eine Nachricht bringt dir Glück.
Dieb		Das Glück wird dir gestohlen.
Eifersucht		Du hast Neider.
Etwas Geld		Kleiner Gewinn
Falschheit		Der Schein trügt, sei vorsichtig.
Feind		Du hast Neider.
Fröhlichkeit		Sei ohne Sorge.
Gedanken		Du machst dir viel zu viel Gedanken, es wird schon gut werden.
Geistlicher		Intelligent
Geld		Großer Gewinn
Geliebte/r		Mit deinem Partner hast du das große Los gezogen.
Geschenk		Es wird dir sehr viel geschenkt im Leben.
Glück		Ein Kind macht dich glücklich, Schwangerschaft.
Haus		Ein Haus macht dich glücklich.
Heirat		Diese Partnerschaft wirst du nie bereuen.
Hoffnung		Deine Wünsche werden sich erfüllen.
Kind		Ein Kind macht dich sehr glücklich.

Krankheit		Eine Krankheit ist bald vergessen.
Liebe		Du hast mit deinem Partner Glück gehabt.
Offizier		Glück bei Behörden
Reise		Eine schöne, erholsame Reise.
Reise	Liebe/ Heirat	Auf einer Reise lernst du die Liebe deines Lebens kennen.
Richter		Glück in einer Streitsache.
Sehnsucht		Sehnsucht nach den schönen Dingen des Lebens.
Tod		Eine schöne Zeit im Leben geht zu Ende.
Traurigkeit		Warum kannst du dich nicht freuen?
Treue		Du hast das Glück gepachtet.
Unglück		Vorsicht, fordere das Glück nicht heraus.
Unverhoffte Freude		Etwas fällt dir in den Schoß.
Verdruss		Stimmungsschwankungen
Verlust		Jedes Hoch bringt auch ein Tief im Leben.
Witwe/r		Einsames Glück

Haus

Einzelaussage
Haus, Wohnung, Stabilität und der eigene Körper.

Beruf
Bau bei deinen beruflichen Plänen nicht auf Sand. Langfristige Sicherheit ist dein Berufziel. In Verbindung mit der Karte *Geld* wirst du befördert und erhältst mehr Lohn für deine Arbeit.

Finanzen
Finanziell bist du abgesichert.

Liebe und Leidenschaft
Deine Partnerschaft ist sehr stabil und harmonisch. Du hast dein Ziel erreicht. Zufriedenheit ist dir wichtiger als Leidenschaft.

Haus	house
maison	casa
kuća	ház

Familie und Freunde
Deine Familie und deine Freunde kommen gerne zu dir auf Besuch. Du hast ein gemütliches Zuhause, wo sich alle wohl füllen.

Gesundheit
Egal, mit welcher Krankheit du gerade belastet bist, es geht bald vorbei. Sollte allerdings die Karte *Krankheit* folgen, wird die Heilung noch etwas Zeit in Anspruch nehmen.

Unerwartete Einflüsse
Du hast die Möglichkeit Haus- oder Grundbesitzer zu werden.

Haus in Verbindung mit:		
Beständigkeit		Heimarbeit
Besuch		Viele Gäste besuchen dich zuhause.
Brief		Mietvertrag oder Hauskauf.
Dieb		Einbruch
Eifersucht		Jemand gönnt dir keinen Grundbesitz.
Eifersucht	Treue	Ein Missgönner kommt aus dem Freundeskreis.
Etwas Geld		Günstiges Immobilienangebot.
Falschheit		Vorsicht, das Haus hat versteckte Mängel.
Feind		Der Feind kommt aus der Familie.
Fröhlichkeit		Harmonie in der Familie.
Gedanken		Du denkst über einen Kauf von Immobilien nach.
Geistlicher		Kirche, spirituelle Vereinigung
Geld		Großer Grundbesitz
Geliebte/r		Wohngemeinschaft mit dem Partner.
Geschenk		Günstiges Wohnungsangebot
Geschenk	Witwe	Du erbst ein Haus.
Glück		Diese Wohnung oder dieses Haus bedeutet dir alles.
Heirat		Ein Partner bringt ein Haus mit in die Ehe.
Hoffnung		Du wirst sehr bald umziehen.
Kind		Kinder im Haus
Kind	Geld	Du kaufst ein Haus.
Krankheit		Ein Haus macht dich krank.
Liebe		Du liebst dein Zuhause sehr.
Offizier		Behördensache um ein Haus.
Reise		Urlaub zu Hause
Richter		Gerichtssache um ein Haus.
Sehnsucht		Sehnsucht nach den eigenen vier Wänden.
Tod		Du verlierst dein Zuhause.
Traurigkeit		Ein Haus, in dem nicht gelacht wird.
Traurigkeit	Verlust	Dieses Haus wirst du wohl verlassen müssen, Kündigung.
Treue		Dieses Haus würdest du nie verkaufen.
Unglück		Dieses Haus bringt dir nur Unglück.

Unverhoffte Freude		Unverhofft kommst du zu einem Haus.
Unverhoffte Freude	Etwas Geld	Unverhofft kommst du zu einem günstigen Haus.
Unverhoffte Freude	Ge-schenk	Unverhofft bekommst du ein Haus geschenkt.
Verdruss		Dieses Haus bringt nur Kummer und Sorgen.
Verlust		Vorsicht du kannst dein Zuhause verlieren.
Witwe/r		Du lebst alleine in deiner Wohnung.

Heirat

Einzelaussage

Partnerschaft, Zusammenschlüsse, Firmenfusion, Verbindung und Verträge!

Beruf

Die berufliche Verbindung ist sehr wichtig. Solltest du auf die Frage nach beruflichen Veränderungen die Karte Heirat ziehen, hast du schon bald die Möglichkeit, einen neuen Arbeitsvertrag zu unterschreiben.

Finanzen

Du hast für deine Geldangelegenheit den richtigen Partner gefunden. Folgen allerdings schlechte Karten, wie *Dieb, Unglück* oder *Tod*, solltest du dir andere Geschäftspartner suchen. Besondere Vorsicht bei der Kartenkombination *Heirat, Geld* und *Unglück*.

Heirat	marriage
mariage	nozze
svadba	házasság

Liebe und Leidenschaft

Die Ehe oder die Beziehung zu deinem Partner sind dir sehr wichtig. Bist du noch nicht verheiratet, wirst du demnächst den Bund fürs Leben mit deinem Partner eingehen. In Verbindung mit der Karte *Geistlicher*, wirst du dich kirchlich trauen lassen. Die Kartenfolge *Heirat, Glück* oder *Liebe*, sagen dir eine glückliche Verbindung voraus, die Karten *Heirat, Geld* und *Unglück*, warnen dich vor einer Beziehung, wo nur das Geld eine Rolle spielt. Die Karten *Heirat, Sehnsucht* und *Dieb* sagen dir, dass die Hochzeit nicht stattfinden wird.

Familie und Freunde
Verbundenheit mit Freunden und Bekannten ist dir wichtig.

Gesundheit
Solltest du dich nicht ganz wohl fühlen und in ärztlicher Behandlung sein, kannst du dich auf deine Ärzte verlassen. Die Heilung ist im Gange.

Unerwartete Einflüsse
Welche Wege du in deiner Partnerschaft gehen wirst, sagen dir die Karten *Heirat* und *Geliebte/r*. Solltest du, obwohl du einen festen Partner hast, trotzdem gerade auf die Pirsch gehen, so sagt dir diese Karte: „ Bevor du schnell nach neuen Liebeleien suchst, nimm dir erst die Zeit, und schaffe Klarheit in deiner bestehende Verbindung".
Die Karten *Heirat* und *Beständigkeit* sagen dir alles über deine beruflichen Wege. Die Karten *Heirat* und *Geld* geben dir über finanzielle Dinge Auskunft. Achte auf die Kombinationen.

Heirat in Verbindung mit:		
Beständigkeit		Neuer Arbeitsplatz
Beständigkeit	Geld	Neue Geschäftsverbindungen sind in Aussicht.
Besuch		Einladung zu einer Hochzeit.
Besuch	Geliebter	Heiratsantrag
Botschaft		Einladung zu einer Hochzeit.
Botschaft	Geliebter	Heiratsantrag
Brief		Einladung zu einer Hochzeit.
Brief	Geld	Gute Vertragsverhandlungen.
Dieb		Jemand versucht der Partnerschaft zu schaden.
Eifersucht		Sie sind sehr eifersüchtig.
Etwas Geld		Kleine Fortschritte in der Verbindung.
Falschheit		Vorsicht, dein Partner hat falsche Absichten.
Feind		Jemand will die Hochzeit verhindern.
Fröhlichkeit		Fröhliches Hochzeitsfest.
Gedanken		Du planst deine Hochzeit.
Geistlicher		Kirchliche Trauung
Geld		Eine Hochzeit bringt finanzielle Vorteile.
Geliebte/r	Haus	Du wirst mit deinem Partner zusammenziehen.
Geschenk		Dein Partner ist ein Geschenk Gottes.
Glück		Mit dieser Partnerschaft hast du das große Los gezogen.
Haus		Dein Partner besitzt ein Haus.
Hoffnung		Die Hoffnung, dass du bald heiraten wirst, erfüllt sich.
Hoffnung	Unglück	Die Hoffnung, das du bald heiraten wirst, erfüllt sich

		nicht.
Kind		Kindersegen nach der Hochzeit.
Krankheit		Die Ehe macht dich krank.
Liebe		Unendliches Glück
Liebe	Verlust	Vorsicht, das Glück scheint zu zerbrechen.
Liebe	Tod	Endgültige Trennung
Offizier		Du heiratest einen sehr dominanten Partner.
Reise		Hochzeitsreise
Richter		Standesamtliche Trauung
Richter	Unglück	Scheidung
Sehnsucht		Du würdest gerne mit deinem Partner zusammenleben.
Tod		Endgültige Trennung
Traurigkeit		Deine Partnerschaft ist nicht glücklich.
Treue		Freundschaftliche Partnerschaft
Unglück		Trennung
Unverhoffte Freude		Die Heirat war nicht geplant, Überraschung!
Verdruss		Die Partnerschaft macht dich nicht glücklich.
Verlust		Trennungsabsichten
Witwe/r		Der Partner ist geschieden oder Witwer.

Hoffnung

Personenkarte
Positive Frau

Einzelaussage
Hoffnung und Wünsche

Beruf
Du bist auf deinem Beruf nicht glücklich. Du hoffst auf die Möglichkeit, neue Aufgabe zu bekommen. In Verbindung mit Botschaft solltest du unbedingt eine Fortbildungsveranstaltung besuchen. Ob sich deine Wünsche erfüllen, wirst du aus den nachfolgenden Karten ersehen. Die Karten *Hoffnung* und *Sehnsucht* sagen dir immer „Du träumst von was anderem"!

Hoffnung   hope
espérance   speranza
nada   remény

Finanzen
Die Hoffnung, dass sich deine Finanzierung als richtig erweist, oder, dass du endlich mehr finanzielle Möglichkeiten haben wirst, spielt eine große Rolle in deinem Leben.

Liebe und Leidenschaft
Du hast die Hoffnung, den richtigen Partner zu finden noch nicht aufgegeben. In Verbindung mit *Gedanken* träumst du von mehr Liebe und Zärtlichkeit und in Verbindung mit *Geistlicher* möchtest du Klarheit, ob dich dein Partner liebt. Ob deine Hoffnungen und Sehnsüchte erfüllt werden zeigen dir nachfolgende Karten, mit Karten wie *Tod, Dieb* oder *Unglück*, werden sich deine Wünsche nicht erfüllen, während sich mit positiven Karten deine Wünsche ganz oder teilweise erfüllen werden. Sieh dir die Doppel- und Mehrfachdeutungen zu dieser Rubrik an.

Familie und Freunde
In Bezug an deine Familie oder deine Freunde hast du sehr viel Hoffnung. In Verbindung mit *Kind*, wünschst du dir ein eigenes Kind.

Gesundheit
Ändere deinen Lebensstiel, solange die Karten *Tod* oder *Krankheit* nicht folgen, ist es noch nicht zu spät, ansonsten solltest du schnellsten ärztlichen Rat einholen.

Unerwartete Einflüsse
Die nachfolgenden Karten geben dir Auskunft, ob sich deine Hoffnungen erfüllen werden. In Verbindung mit *Dieb, Tod* oder *Unglück* werden sich deine Hoffnungen nicht erfüllen. In Verbindung mit *Liebe* oder *Glück*, wird alles so kommen, wie du dir das gewünscht hast.

Hoffnung in Verbindung mit:		
Beständigkeit		Deine beruflichen Wünsche erfüllen sich.
Beständigkeit	Unglück	Deine beruflichen Wünsche erfüllen sich nicht.
Besuch		Lieber Besuch
Botschaft		Eine Nachricht macht dir Hoffnung.
Brief		Endlich hast du es Schwarz auf Weiß.
Dieb		Eine Hoffnung erfüllt sich nicht.
Eifersucht	Glück	Deine Eifersucht ist unbegründet.
Eifersucht	Tod	Deine Eifersucht ist sehr berechtigt.
Etwas Geld		Finanzielle Besserung
Falschheit		Krumme Wege lohnen sich nicht.
Feind		Vorsicht vor falschen Freunden.
Fröhlichkeit		Deine Fröhlichkeit kommt zurück.

Gedanken		Positive Einstellung
Gedanken	Geld	Positive Einstellung zum Geld
Gedanken	Heirat	Positive Einstellung zum Partner
Geistlicher		Du solltest mehr beten.
Geld		Sehr gute Finanzlage
Geld	Verlust	Schlechte Finanzlage
Geliebte/r		Dein Partner bekennt sich zu dir.
Geliebte/r	Unglück	Dein Partner bekennt sich nicht zu dir.
Geliebte/r	Verdruss	Eheprobleme lösen sich nicht.
Geschenk		Durch ein Geschenk hast du wieder Hoffnung.
Geschenk	Unglück	Ein Geschenk macht dich nicht glücklich.
Glück		Du hast bald glücklichere Tage.
Glück	Unglück	Dein Glück wird zerstört.
Haus		Du wirst ein Haus kaufen.
Heirat		Du wirst bald heiraten
Heirat	Verlust	Eine Hochzeit findet nicht statt.
Kind		Schwangerschaft
Krankheit		Eine Krankheit ist halb so schlimm.
Liebe		Du wirst dich bald verlieben.
Liebe	Unglück	Auf die große Liebe wirst du noch lange warten müssen.
Reise		Du wirst jetzt doch verreisen.
Reise	Verlust	Eine Reise findet nicht statt.
Richter		Rechtsbeistand lohnt sich
Richter	Unglück	Eine Sache geht nicht gut für dich aus.
Sehnsucht		Gefühlsmensch
Tod		Deine Wünsche erfüllen sich nicht.
Tod	Unglück	Es wird alles noch viel schlimmer.
Traurigkeit		Du bist ein sehr einsamer Mensch.
Treue		Du wirst gute Freunde kennen lernen.
Treue	Verlust	Auf einen Freund musst du noch lange warten.
Unglück		Deine Sorgen sind berechtigt.
Unverhoffte Freude		Du hast es nicht für möglich gehalten, aber es erfüllt sich doch.
Verdruss		Keine Besserung in Aussicht
Bei diesen Doppelverbindungen bedeuten die zusätzlichen Karten, wie *Tod, Verlust, Verdruss, Unglück* oder *Witwer* immer eine negative Aussage!		

Kind

Personenkarte
Eigene Kinder, Personen bis Eintritt der Pubertät.

Einzelaussage
Kind, jüngerer Mensch, Neubeginn, Unselbständigkeit, Ausbildung und Lehrjahre.

Beruf
Du machst deine Arbeit unselbständig und nur auf Anweisung.
Sollten gute Karten, wie Karte *Geld* oder *Etwas Geld* folgen, so wäre jetzt der richtige Zeitpunkt um Bewerbungsgespräche zu führen. Wage dann einen beruflichen Neubeginn.

Kind	baby
bébé	bambino
dijete	gyermek

Finanzen
Du brauchst dir wohl keine Sorgen zu machen, wie du dein Geld richtig anlegen sollst, denn es bleiben für dich nur geringe Summen am Monatsende übrig.

Liebe und Leidenschaft
Beginne mit deinem Partner nochmals ganz von vorne. Sei nicht so nachtragend und höre auf mit deinem kindischen Benehmen. Solltest du keinen Partner haben, wird eine neue Verbindung auf dich zu kommen, aber beachte, die Liebe muss erst noch wachsen. Welche Chance diese Liebe haben wird, siehst du aus den nachfolgenden Karten.

Familie und Freunde
Du liebst Kinder.

Gesundheit
Egal, wenn es auch überall zwickt, es wird schnell vergehen. Sollte die Karte Krankheit folgen, solltest du ganz schnell deinen Lebenswandel ändern.

Unerwartete Einflüsse
Diese Karte steht über loslassen und neu beginnen! Wo du dich verändern wirst oder was du neu beginnen wirst, sagen dir die nachfolgenden Karten, beachte die Doppelkombinationen.

Kind in Verbindung mit:		
Beständigkeit		Beruflicher Neubeginn
Beständigkeit	Dieb	Eine Bewerbung wird abgelehnt.

Beständigkeit	Etwas Geld	Ein beruflicher Neubeginn bringt eine Kleine Gehaltserhöhung.
Beständigkeit	Geld	Ein Arbeitsplatzwechsel wird sich sehr lohnen.
Beständigkeit	Unverhoffte Freude	Du bekommst unerwartet einen neuen Arbeitsvertrag.
Beständigkeit	Krankheit	Vorsicht, dieser neuen beruflichen Herausforderung bist du nicht gewachsen.
Beständigkeit	Heirat	Dies wird wohl deine letzte berufliche Veränderung sein.
Besuch		Kinder kommen zu Besuch.
Botschaft		Kinder schicken dir eine Nachricht.
Dieb		Ein Kind ist in Gefahr.
Eifersucht		Eifersucht unter Geschwistern.
Etwas Geld		Kindergeld
Falschheit		Probleme mit einem Kind.
Feind		Dein Kind hat die falschen Freunde.
Fröhlichkeit		Kinderfest
Gedanken		Gedanken an ein Kind
Geld		Kindergeld für mehrere Kinder.
Geliebte/r		Jüngerer Partner
Geschenk		Das größte Geschenk, ist dieses Kind.
Glück		Dein Kind ist der Sonnenschein in deinem Leben.
Haus		Neues Haus
Heirat		Kinder mit deinem Partner.
Hoffnung		Du bist schwanger, freue dich.
Krankheit		Vorsicht, vor noch nicht erkannter Krankheit.
Liebe		Neue Liebe
Liebe	Verlust	Auf die neue Liebe wirst du noch warten müssen.
Liebe	Heirat	Der neue Partner ist der Richtige.
Offizier		Sehr dominantes Kind.
Sehnsucht		Du wünschst dir ein Kind.
Sehnsucht	Hoffnung	Der Kinderwunsch erfüllt sich.
Tod		Dein Kind geht eigene Wege.
Tod	Beständigkeit	Dein Kind geht eigene Wege durch Berufsziele.
Tod	Geliebter	Der Weg deines Kindes, ist der Weg seines Partners.
Unglück		Dein Kind schwebt in Gefahr.
Unverhoffte Freude		Schwangerschaft
Verdruss		Ärger mit einem Kind.
Verlust		Schwangerschaftsabbruch

Krankheit

Einzelaussage
Gesundheit, das Leben und Bedrohung einer Situation.

Beruf
Du kannst dich an deinem Arbeitsplatz unmöglich wohl fühlen! Der tägliche Gang zu deiner Arbeitsstätte alleine schon macht dich ganz krank. Du solltest schnellstens etwas daran ändern. Schau dir die nachfolgende Kartenkombination an, und entscheide dich, was änderbar ist.

Finanzen
Deine finanzielle Seite sollte dringend überprüft werden. Lass dich von Fachleuten beraten!

Krankheit — malady
maladie — malattia
bolest — betegség

Liebe und Leidenschaft
Wenn du keinen Partner haben solltest, so leidest du sehr darunter. Du bist dir gegenüber nachlässig und wirst, wenn du dich nicht änderst, seelisch verkümmern! In einer bestehenden Partnerschaft, sagt dir diese Karte, dass du mit deinem Lebenspartner nicht glücklich bist. Die Seele ist erkrankt und das tut dir körperlich sehr weh! Suche Befreiung aus diesen Zwängen. Achte sehr auf die Doppelkombinationen.

Familie und Freunde
Die Familie bedeutet dir nicht viel, Streit und Zerrüttung haben euch zu Feinden gemacht.

Gesundheit
Du solltest ganz schnell deinen Lebensstil ändern

Unerwartete Einflüsse
Zurzeit läuft nicht alles so rosig für dich, die Gefahr, die diese Karte ausspricht, solltest du ernst nehmen. Woher die Gefahr kommen wird, sagen dir die nächsten Karten, beachte die Doppelkombinationen.

Krankheit in Verbindung mit:		
Beständigkeit		Dein Arbeitsplatz macht dich krank.
Besuch		Du wirst einen Krankenbesuch machen.
Botschaft		Hör auf deinen Körper, er schickt dir Signale.
Dieb		Du bist für deine Krankheit selbst verantwortlich, lebe gesünder.

48

Eifersucht		Deine ständige Eifersucht macht dich krank.
Eifersucht	Gedanken	Deine ständige Eifersucht macht dich seelisch krank.
Etwas Geld		Deine Krankheit kosten etwas Geld.
Feind		Vorsicht, gehe zu einem zweiten Arzt.
Fröhlichkeit		Der Weg zur Besserung.
Gedanken		Seelische Probleme
Geistlicher		Überdenke deinen geistigen Weg.
Geld		Große Kosten durch die Krankheit.
Geliebte/r		Dein Partner ist krank.
Geschenk		Es geht nochmals gut aus für dich.
Glück		Du hast Glück gehabt, es ist nicht so schlimm, wie angenommen.
Haus		Dein Körper ist erschöpft.
Heirat		Diese Partnerschaft ist nicht gut für dich.
Hoffnung		Deine Hoffnungen, wieder gesund zu werden, erfüllen sich.
Kind		Nichts Schlimmes
Liebe		Etwas in der Partnerschaft stimmt nicht.
Liebe	Verlust	Du wirst deinen Partner verlieren, bedeutet nicht Tod!
Offizier		Die arrogante Art macht dich krank.
Reise		Seuchengefahr
Tod		Schwere Krankheit
Traurigkeit		Schwermütig
Unglück		Operation
Unverhoffte Freude		Eine Krankheit ist bald vergessen.
Verlust		Geh sofort zum Arzt.

Liebe

Einzelaussage

Liebe, Glück, Herzlichkeit, gefühlvolle Zeit und neue Liebe.

Beruf

Du liebst deine Arbeit, es macht dir Freude dort zu arbeiten. Arbeitskollegen und Vorgesetzte gehen freundlich miteinander um. Es herrschen auch angenehme Arbeitsbedingungen. Du solltest deinen Arbeitsplatz nicht wechseln.

Finanzen
Verlass dich auf deine Finanzberater und Freunde, es ist die richtige Geldanlage.

Liebe und Leidenschaft
Entweder hast du bereits das große Glück in der Liebe gefunden, oder es wird dir in Kürze begegnen.

Familie und Freunde
Deine Familie liebt dich sehr. In Verbindung mit *Tod* oder *Dieb*, wird dir die Liebe deiner Freunde oder deiner Familie genommen.

Gesundheit
Liebe Freunde helfen dir, wenn du krank bist. In Verbindung mit der Karte *Krankheit*, macht dich die Liebe zu einem Menschen krank. In Verbindung mit *Dieb* solltest du dein Herz untersuchen lassen.

Liebe	love
amour	amore
ljubav	szerelem

Unerwartete Einflüsse
Die Karte *Liebe* steht in erster Linie für die Partnerschaft. Wenn du gerade eine schwierige Zeit mit deinem Partner verbringst, wird die Liebe zu dir zurückkehren. Die Vertrautheit zwischen dir und deinem Partner stellt sich wieder ein. Solltest du gerade Single sein, wirst du mit Sicherheit deiner großen Liebe bald begegnen.

In Verbindung mit *Heirat*, wirst du deinen Lebenspartner heiraten und in Verbindung mit *Haus*, wirst du mit deinem Partner zusammenziehen. Die Kartenfolge *Liebe, Heirat* und *Fröhlichkeit* sagt dir, dass du ein großes Hochzeitsfest erleben wirst. Die Karten *Liebe, Heirat* und *Geistlicher* dagegen bedeuten, dass du kirchlich heiraten wirst.

Liebe mit Folgekarte *Dieb* oder *Tod* sagen dir, dass deine Partnerschaft für immer beendet sein wird. Sieh dir auch die weiteren Mehrfachdeutungen unter der Rubrik das Unerwartete an!

Liebe in Verbindung mit:		
Beständigkeit		Du liebst deinen Beruf.
Besuch		Eine neue Liebe ist in Aussicht.
Botschaft		Neue Informationen vom Partner
Dieb		Vorsicht, jemand will dir deinen Partner nehmen.
Eifersucht		Du bist sehr eifersüchtig, was deinen Partner betrifft.
Etwas Geld		Eine Partnerschaft verschafft dir gewisse finanzielle Vorteile.

Falschheit		Dein Partner meint es nicht ehrlich mit dir.
Feind		Streit und Feindschaft haben sich in der Partnerschaft aufgebaut.
Fröhlichkeit		Harmonie in der Partnerschaft.
Gedanken		Deine Gedanken drehen sich nur um die Liebe.
Geistlicher		Spirituelle Verbindung
Geistlicher	Heirat	Kirchliche Trauung
Geld		Finanzieller Zuwachs durch den Partner.
Geliebte/r		Die große Liebe
Geschenk		Deine Partnerschaft ist ein Geschenk Gottes.
Glück		Mit diesem Partner hast du die große Liebe gefunden.
Haus		Du liebst dein Zuhause über alles.
Heirat		Hochzeit
Hoffnung		Wird sich die Hoffnung bald einen Partner zu finden erfüllen?
Hoffnung	Glück	Ja
Hoffnung	Unglück	Nein
Kind		Die Liebe zu einem Kind.
Krankheit		Diese Liebe macht dich krank.
Offizier		Liebe zu einem dominanten Mann.
Reise		Reise mit dem Partner.
Reise	Heirat	Hochzeitsreise
Richter	Heirat	Standesamtliche Trauung
Sehnsucht		Du wünschst dir sehnsüchtig einen Partner.
Tod		Veränderungen in der Partnerschaft.
Tod	Heirat	Dein Alleinsein geht zu Ende, du wirst bald einen Partner finden.
Tod	Unglück	Du bleibst alleine.
Traurigkeit		Unstimmigkeiten und Streit in der Partnerschaft machen dich traurig.
Treue		Es herrscht Harmonie.
Unglück		Vorsicht, jemand will dir deinen Partner nehmen.
Unverhoffte Freude		Dann, wenn du nicht damit rechnest, begegnet dir ein lieber Mensch.
Verdruss		Ärger und Streit in der Partnerschaft
Verlust		Die Liebe geht in der Partnerschaft verloren, Trennung möglich.
Verlust	Unglück	Endgültige Trennung
Verlust	Unglück	
	Richter	Scheidung
	Brief	Scheidungsschreiben
Witwe/r		Trennung vom Partner

Offizier

Personenkarte
Amtliche Person, dominanter Chef. Einflussreiche
Person, heimlicher Geliebter.

Einzelaussage
Dominanz, Behörde, Gefühlskälte aber auch für
Einsamkeit.

Beruf
Du wirst schon sehr ehrgeizig und dominant an
deinem Ziel arbeiten. Wie erfolgreich du sein wirst,
sagen die nächsten Karten. Sollten gute Karten
folgen, wirst du alles erreichen können, folgen aber
schlechte Karten, so wirst du dich mit deinem eigenen Machtgehabe selbst schlagen.

Offizier	officer
officier	ufficiale
oficir	katonatiszt

Finanzen
Die Möglichkeiten, dein Geld gut anzulegen, verfolgst du mit ehrgeizigem
Ziel.

Liebe und Leidenschaft
Der Partner, mit dem du zusammen lebst, oder der dir begegnen wird, wird
von dir als starke Person betrachtet. Du schaust auf ihn auf und bewunderst
ihn. Mit *Liebe*, liebst du ihn sehr. Mit der Karte *Krankheit* leidest du unter der
starken Persönlichkeit. Zuviel Selbstverherrlichung kann dich in deiner Partnerschaft aber auch sehr einsam machen, sei vorsichtig.

Familie und Freunde
Deine Familie gibt dir Kraft.

Gesundheit
Tritt etwas kürzer und achte auf deine innere Mitte.

Unerwartete Einflüsse
Die Karte *Offizier* steht für Dominanz, Behörde aber auch für Einsamkeit.
Betrachte die Doppelkombinationen:

Offizier in Verbindung mit:		
Beständigkeit		Sehr dominanter Chef.
Beständigkeit	Richter	
	Verlust	Arbeitsgericht entscheidet gegen dich.
Beständigkeit	Richter	
	Glück	Arbeitsgericht entscheidet für dich.

Botschaft		Nachricht von einer dominanten Person.
Brief		Nachricht von einer dominanten Person.
Dieb		Ein Diebstahl wird aufgeklärt.
Feind		Eine Amtsperson will dir schaden.
Etwas Geld		Etwas Geld von einer Behörde.
Geld		Finanzamt
Geliebte/r		Du wirst eine wichtige Person kennen lernen.
Geschenk		Ein Antrag wird sofort bewilligt.
Haus	Geld	Notariat
Heirat		Standesamt
Hoffnung		Bescheid ist positiv.
Kind		Jugendamt
Krankheit		Prüfe deine ausgefüllten Formulare und Urkunden.
Liebe		Liebhaber
Reise		Behördengang im Ausland.
Richter		Gericht
Tod		Eine dominante Person verändert dein Leben.
Unverhoffte Freude		Du erhältst eine unverhoffte Nachricht von Einer Behörde.
Unverhoffte Freude	Geld	Finanzielle Zuwendung von einem Amt.
Verdruss		Du bekommst Ärger durch eine Behörde.
Verdruss	Geld	Du bekommst Ärger durch das Finanzamt.
Andere Kombinationen sind ohne Bedeutung.		

Reise

Einzelaussage
Reise, viel Bewegung, neue Kontakte.

Beruf
Überdenke die Berufsentscheidung.

Finanzen
Überstürze jetzt nichts, Geduld zahlt sich aus.

Liebe und Leidenschaft
Eine Verbindung kommt auf dich zu, ob die Verbindung gut für dich ist, oder ob es jemand schlecht mit dir meint, sagen dir weitere Karten. In Verbin-

Reise   journey
voyage   viaggio
putovanje   útazás

dung mit der Karte *Liebe*, kommt eine glückliche neue Verbindung auf dich zu.

Familie und Freunde
Du träumst von einer eigenen Familie, in Verbindung mit *Geld* von einer reichen Familie und in Verbindung mit *Kind* möchtest du die Familie vergrößern. Mit der Karte *Tod* oder *Dieb*, kommt ein Verlust in der Familie auf dich zu. Lege dann weitere Karten aus.

Gesundheit
Dem Krankheitsherd nachgehen. Solltest du krank sein, wird es dir bald besser gehen. Du bist auf dem Wege der Besserung, es ist bald alles überstanden.

Unerwartete Einflüsse
Du wirst eine weite Reise machen die folgenden Karten sagen dir welche. Die Karte *Reise* kann eine seelische, eine materielle oder eine Urlaubsreise bedeuten.

Reise in Verbindung mit:		
Beständigkeit		Geschäftsreise
Besuch		Auslandsreise
Botschaft		Informationen über dein Reiseland.
Brief		Reisedokumente
Dieb		Vorsicht mit Wertsachen auf deiner Reise.
Etwas Geld		Tagesausflug
Falschheit		Das ist nicht das richte Urlaubsland für dich.
Fröhlichkeit		Du wirst dich bei deinem Ausflug sehr amüsieren.
Gedanken		Planung eines Ausflugs
Geistlicher		In deiner Phantasie ist die Reise bereits gebucht.
Geld		Große Reise
Geliebte/r		Reise mit dem Partner.
Geliebte/r	Glück	Versöhnungsreise
Geschenk		Du hast eine Reise gewonnen.
Glück		Schöner Urlaub
Haus		Urlaub zu Hause
Heirat		Hochzeitsreise
Hoffnung		Eine Reise findet bald statt.
Kind		Kinderurlaub
Krankheit		Kur, Sanatorium
Liebe		Verwöhnwochenende
Offizier		Amtsangelegenheiten im Urlaub
Richter		Rechtsstreitigkeiten im Urlaub
Sehnsucht		Du hast Fernweh.

Tod		Gefahr im Urlaub
Traurigkeit	Verlust	Du bist traurig, weil die Reise nicht stattfindet.
Treue		Du besuchst immer das gleiche Urlaubsland.
Unglück		Ein Unfall kommt auf dich zu.
Unverhoffte Freude		Du wirst von jemandem mit einem Ausflug überrascht.
Verdruss		Ärger kommt auf dich zu.

Richter

Personenkarte
Richter, Rechtsanwalt, Staatsanwalt.

Einzelaussage
Kraft, Diplomatie und Behörde.

Beruf
Ehrgeizig und dominant arbeitest du an deinem Ziel. Wie erfolgreich du sein wirst, sagen die nächsten Karten. Sollten gute Karten folgen, wirst du alles erreichen können, folgen aber schlechte Karten, so solltest du mehr auf Gerechtigkeit achten.

Finanzen
Alles muss bei dir vertraglich besiegelt werden. Gerecht und sorgfältig bestimmst du über die Haushaltskasse.

Richter   judge
juge   giudice
sudac   bíró

Liebe und Leidenschaft
Der Partner, mit dem du zusammenlebst, oder der dir begegnen wird, wird von dir als starke Person betrachtet. Du schaust auf ihn auf und bewunderst ihn. Mit *Liebe*, liebst du ihn sehr. Mit der Karte *Krankheit* leidest du unter der starken Persönlichkeit.

Familie und Freunde
Du bist immer wieder, derjenige, der bei Streit um Hilfe gerufen wird.

Gesundheit
Zeig mehr Stärke und Persönlichkeit, verkaufe dich besser, das tut deiner Seele gut!

Unerwartete Einflüsse
Die Karte *Richter* steht für Kraft, Dominanz aber auch Behörde. Betrachte die Doppelkombinationen:

Richter in Verbindung mit:		
Beständigkeit		Arbeitsgericht
Botschaft		Juristische Nachricht
Botschaft	Glück	Gute juristische Nachricht
Botschaft	Unglück	Schlechte juristische Nachricht
Brief		Juristische Schriftstücke
Dieb		Aufklärung und Strafe
Etwas Geld		Geld durch den Prozess
Falschheit		Achte auf deinen Rechtsbeistand.
Feind		Fehlurteil
Geistlicher		Gerechtigkeit vor Gott
Geld		Viel Geld durch einen Prozess
Geliebte/r		Rechtssache mit dem Partner
Geliebte/r	Verlust	Scheidung
Geschenk		Zuspruch in einer Rechtslage
Glück		Erfolg bei amtlichen Prozessen
Haus		Streitsache um ein Haus
Heirat		Standesamtliche Trauung
Hoffnung		Gerechtes Urteil
Kind		Rechtssache um ein Kind
Kind	Heirat	Adoption
Liebe		Du kannst deinem Partner in allen Dingen vertrauen.
Reise		Rechtsstreit im Ausland
Tod		Ein Rechtsstreit geht zu Ende.
Unverhoffte Freude		Unverhoffte Hilfe durch eine Amtsperson
Andere Doppelkombinationen sind ohne Bedeutung.		

Sehnsucht

Einzelaussage
Sehnsucht nach Veränderung. Den Sinn des Lebens suchen.

Beruf
Du bist auf deinem Beruf nicht glücklich. Du sehnst dich nach einer neuen Aufgabe und nach mehr Anerkennung. In Verbindung mit *Botschaft*, solltest du unbedingt eine Fortbildungsveranstaltung besuchen. Ob sich deine Wünsche erfüllen, wirst du aus den nachfolgenden Karten ersehen.

Finanzen
Die Sehnsucht nach einer stabilen Finanzierung eines Projektes beschäftigt dich sehr. Du wirst dein Vorhaben gut überdenken müssen, du solltest die Pläne nochmals verändern.

Liebe und Leidenschaft
Dein Leben verändert sich durch eine Partnerschaft. In Verbindung mit *Gedanken* träumst du von mehr Liebe und Zärtlichkeit und in Verbindung mit *Geistlicher* möchtest du Klarheit, ob dich dein Partner liebt. Ob deine Hoffnungen und Sehnsüchte erfüllt werden zeigen dir nachfolgende Karten, mit Karten wie *Tod, Dieb* oder *Unglück*, werden sich deine Wünsche nicht erfüllen, während sich mit positiven Karten deine Wünsche ganz oder teilweise erfüllen werden. Sieh dir die Doppel- und Mehrfachdeutungen zu dieser Rubrik an.

Sehnsucht   desire
désir   bramosia
čežnja   vágy

Familie und Freunde
Deine Familie oder deine Freunde helfen dir, deine Sehnsüchte zu erfüllen. In Verbindung mit Kind, wünschst du dir ein eigenes Kind.

Gesundheit
Ändere deinen Lebensstiel, solange die Karten *Tod* oder *Krankheit* nicht folgen, ist es noch nicht zu spät, ansonsten solltest du schnellsten ärztlichen Rat einholen.

Unerwartete Einflüsse
Dein Leben wird sich drastisch verändern. In Verbindung mit *Haus* und *Hoffnung* wirst du umziehen. Die Karte kann dich aber auch vor Veränderungen warnen. In Verbindung mit *Dieb, Tod* oder *Unglück* werden sich deine Sehnsüchte nicht erfüllen.

Sehnsucht in Verbindung mit:	
Beständigkeit	Berufliche Erfüllung suchen
Botschaft	Du sehnst dich nach einer Einladung.
Brief	Du erwartest sehnsüchtig einen Brief.
Etwas Geld	Wünsche nach mehr Geld
Fröhlichkeit	Du wünscht dir ein schönes Fest.
Gedanken	Gedanken und Sehnsucht an ein anderes Leben
Geistlicher	Du suchst spirituelle Erfüllung.
Geld	Du denkst nur ans große Vermögen.

Geliebte/r		Wünsche nach einem Partner
Geschenk		Du wünscht dir mehr Aufmerksamkeit.
Glück		Der Wunsch nach dem großen Glück
Haus		Du hast Heimweh.
Heirat		Du würdest gerne heiraten.
Hoffnung		Du lebst nicht in der Wirklichkeit, du träumst zuviel.
Kind		Du wünschst dir ein Kind.
Krankheit		Du denkst zuviel an Krankheiten.
Liebe		Auf die große Liebe musst du noch warten.
Reise		Du möchtest gerne Urlaub machen.
Tod		Die Sehnsucht, das Leben komplett zu ändern, auch lebensmüde.
Traurigkeit		Suche deine innere Mitte.
Verlust		Dein Lebenswille ist gebrochen.

Tod

Einzelaussage

Ernte und Aussaat!

Eine Veränderung steht bevor. Altes wird verabschiedet, damit das Neue beginnen kann. Diese Karte symbolisiert nicht den körperlichen Tod.

Der Tod ist in dem Kartenbild immer verschlüsselt dargestellt und meistens so, dass man erst hinterher erkennen kann, dass diese Kombination wohl eine Andeutung des nahen Todes war. Ein Beispiel: Eine Witwe hat ein Wiedersehen mit ihrem Mann. Wir wissen, dass Besuch und Kennenlernen dieselbe Karte ist wie das Wiedersehen. Es findet ja auch ein Wiedersehen statt, aber auf einer anderen Ebene. Es könnte aber auch ein Abschied signalisiert werden. Geh sehr sorgsam mit der Vorhersage des Todes um.

Tod   death
mort   morte
smrt   halál

Beruf

Vorsicht ist geboten! Du könntest deine Arbeitsstelle verlieren, das Unternehmen steht nicht gut da, Konkursgefahr! Diese Karte steht für Verlust und Neubeginn, deshalb schaue dir die nachfolgenden Karten an.

Finanzen
Jetzt kannst du nur noch sparen, denn es werden zu dem jetzigen Schuldenberg immer noch neue Unkosten dazukommen.

Liebe und Leidenschaft
Dein Leben verändert sich drastisch. Es wird nichts wieder so sein wie früher. Das Glück mit deinem Partner droht zu Ende zu gehen. Die nachfolgenden Karten sagen dir, wie es weitergehen wird. Denke an das Sprichwort, „Man muss loslassen können, um neu zu beginnen". Der Tod symbolisiert nicht immer nur ein schlechtes Ereignis. Wäre das Ende nicht gekommen, hätte es nie einen neuen Anfang geben können.

Familie und Freunde
Streit und Kummer in der Familie.

Gesundheit
Lass dich gründlich untersuchen.

Unerwartete Einflüsse
Etwas in deinem Leben verändert sich, was, sagen dir nachfolgende Karten.

Tod in Verbindung mit:		
Beständigkeit		Du verlierst deinen Arbeitsplatz.
Beständigkeit	Geld	Arbeitsplatzwechsel in einem anderen Unternehmen.
Besuch		Vorsicht, der Besucher kommt mit schlechten Absichten.
Botschaft		Diese Nachricht verändert dein Leben.
Brief		Todesanzeige
Dieb		Diebstahl mit höchster Lebensgefahr.
Eifersucht		Eifersucht auf Menschen, die es besser haben.
Etwas Geld		Du wirst im Testament mit einem kleinen Vermögen erwähnt.
Falschheit		Vorsicht, jemand ist nur scheintot.
Feind		Einer Person wirst du nie verzeihen können.
Fröhlichkeit		Leichenschmaus
Gedanken		Du hast Angst vor dem Tod.
Geld		Du erhältst durch eine Erbschaft viel Geld.
Geliebte/r		Deine Partnerschaft ist zu Ende.
Geschenk		Ein Geschenk befreit dich.
Glück		Eine glückliche Zeit geht zu Ende.
Haus		Du wirst dein Zuhause nicht finanzieren können.
Heirat		Die Ehe ist zerbrochen, Scheidung.
Heirat	Witwe	Du wirst deinen Partner durch einen Todesfall verlieren.
Hoffnung		Deine Wünsche werden sich nicht erfüllen.
Kind		Deine Kinder gehen eigene Wege, Umzug.

Krankheit		Eine Krankheit ist sehr ernst zu nehmen.
Liebe		Die Liebe zu deinem Partner geht dir verloren.
Offizier		Gefängnis
Reise		Von dieser Reise wirst du nicht zurückkommen.
Reise	Haus	Umzug in ein anderes Land.
Richter		Du kommst zu Lebzeiten nicht mehr zu deinem Recht.
Sehnsucht		Psychisch krank
Traurigkeit		Ein Ende macht dich traurig.
Traurigkeit	Treue	Das Ende einer Freundschaft macht dich sehr traurig.
Traurigkeit	Haus	Du musst dein Zuhause verlassen, das macht dich traurig.
Traurigkeit	Geld	Ein Geldverlust macht dich traurig.
Treue		Das Ende einer Freundschaft.
Unglück		Du wirst alles verlieren.
Unglück	Heirat	Endgültige Trennung vom Partner.
Unglück	Geld	Du wirst sehr viel Geld verlieren.
Unverhoffte Freude		Auf schlechte Tage, folgen unverhofft gute Tage.
Verdruss		Streit um das Erbe
Verlust		Endgültiger Verlust
Verlust	Heirat	Scheidung
Verlust	Geld	Große finanzielle Probleme
Witwe/r		Ende der Partnerschaft durch einen Todesfall.

Traurigkeit

Personenkarte
Eine traurige Frau

Einzelaussage
Heilsame Zeit, Kummer und Schmerz.

Beruf
Etwas an deinem Arbeitsplatz bedrückt dich sehr. Du fühlst dich nicht verstanden. Ist ein anderer befördert worden, obwohl du eigentlich an der Reihe gewesen wärst? Schau in den Doppelkombination nach, wie es weiter geht. Vielleicht ist deine Trauer ja umsonst gewesen!

Traurigkeit   sadness
tristesse   tristezza
tuga   szomorúság

Finanzen

Deine finanzielle Situation macht dich sehr traurig, denn du musst auf Dinge verzichten, die dir sehr viel bedeutet hätten.

Liebe und Leidenschaft

Die Liebe zwischen dir und deinem Partner hat sich anders entwickelt, wie du es gerne gehabt hättest. Das macht dich sehr traurig. Solltest du deinen Lebenspartner haben, wird deine Liebe zu einem Menschen, der dir bald begegnen wird, nicht erwidert.

Familie und Freunde

Etwas in der Familie ist nicht in Ordnung und du bist traurig.

Gesundheit

Vorsicht vor Depressionen!

Unerwartete Einflüsse

Zurzeit läuft nicht alles so gut für dich, du bist in Trauerstimmung! Die Karte *Traurigkeit* in Verbindung mit *Witwe/r* sagt dir, dass du bald um einen Menschen trauern wirst. In Verbindung mit *Liebe* oder *Geliebter* trauerst du um deinen Partner und in Verbindung mit *Beständigkeit*, stimmen dich Probleme am Arbeitsplatz traurig.

Traurigkeit in Verbindung mit:		
Beständigkeit		Du bist in deinem Beruf nicht glücklich.
Besuch		Ein Besucher ist nicht willkommen.
Botschaft		Eine Nachricht bringt dir Kummer und Sorgen.
Brief		Eine traurige Nachricht erreicht dich.
Dieb		Das Stimmungstief geht bald vorüber.
Eifersucht		Krankhafte Eifersucht
Etwas Geld		Ein kleiner Zuschuss stopft keine großen Löcher
Falschheit		Die Falschheit eines Menschen stimmt dich traurig.
Feind		Eine Streitsache bedrückt dich sehr.
Fröhlichkeit		Du versteckst dich am liebsten zu Hause.
Gedanken		Du denkst zuviel nach.
Geld		Geld macht dich nicht glücklicher.
Geliebte/r		Eine Partnerschaft bringt Kummer und Sorgen.
Glück		Auch in guten Tagen bist du nicht glücklich.
Haus	Geld	Schuldenfalle
Haus		Kummer und Sorgen durch die eigenen vier Wände
Heirat		Deine Ehe macht dich nicht glücklich.
Hoffnung		Das lange Warten auf die Entscheidung lähmt dich.
Kind		Ein Kind bereitet dir Probleme.

Krankheit		Du bist traurig, weil du krank bist.
Liebe		Liebeskummer
Reise		Du kannst dich auf der Reise nicht erholen.
Tod		Eine traurige Lebenssituation geht zu Ende.
Treue		Probleme mit einem Freund
Verlust		Auf jeden Regen folgt Sonnenschein.
Witwe/r		Du gehst zur Zeit alleine durchs Leben, darüber bist du traurig.
Andere Doppelkombinationen sind ohne Bedeutung.		

Treue

Einzelaussage
Treue, Freundschaft, Vertrauen und Hilfe, etwas ist von Dauer.

Beruf
Du bist mit Sicherheit ein Arbeitnehmer, der sein Jubiläum am Arbeitsplatz feiern wird. Du kannst dir gar nicht vorstellen, eine andere Arbeitsstelle anzunehmen. Deine Vorgesetzten werden das auch belohnen. In Verbindung mit *Geld* wirst du zu größeren Aufgaben berufen und in Verbindung mit *Etwas Geld*, hast du eine kleinere Beförderung zu erwarten.

Treue   fidelity
fidélité   fedeltà
vjernost   hüség

Finanzen
Du bist kein Mensch für Spekulationen. Bei deiner Hausbank wirst du gut beraten.

Liebe und Leidenschaft
Die Liebe zwischen dir und deinem Partner ist schon etwas Besonderes. Nichts ist dir so wichtig wie dein Partner. Es herrscht absolute Freundschaft zwischen euch. Solltest du keinen Partner haben, wirst du bald einen Freund kennen lernen, ob es nur Freundschaft bleibt, sagen dir die Doppelkombinationen.

Familie und Freunde
Harmonie und Vertrauen bestimmen die Gemeinsamkeit. Solltest du Hilfe benötigen, wird dir mit Sicherheit ein Freund helfen.

Gesundheit
Eine bestehende Behandlung sollte nicht abgebrochen werden.

Unerwartete Einflüsse
Zurzeit ist alles im Einklang.

Treue in Verbindung mit:		
Beständigkeit		Es ist dir wichtig, dein Berufsjubiläum zu feiern.
Besuch		Freunde kommen zu Besuch.
Botschaft		Eine Nachricht über Freunde
Brief		Eine Nachricht von Freunden.
Dieb		Die Freundschaft geht zu Ende.
Eifersucht		Du bist auf einen Freund eifersüchtig.
Etwas Geld		Kleine Freundschaften
Falschheit		Vorsicht es gibt auch falsche Freunde.
Feind		Eine Bekanntschaft ist dir feindlich gestimmt.
Fröhlichkeit		Du wirst immer wieder gerne eingeladen.
Gedanken		Du machst dir Gedanken über eine Freundschaft.
Geld		Du kannst gut mit Geld umgehen.
Geliebte/r		Dein Partner ist dir treu.
Geschenk		Du hast gute Freunde.
Glück		Das Glück bleibt dir treu.
Haus		Du liebst dein Zuhause.
Heirat		Gute und stabile Verbindung zum Partner.
Hoffnung		Eine gute Zeit kommt auf dich zu.
Kind		Du liebst deine Kinder sehr.
Liebe		Du würdest deinen Partner nie verlassen.
Reise		Du reist gerne immer an den gleichen Urlaubsort.
Sehnsucht		Sehnsucht nach Freundschaft.
Tod		Verbundenheit bis über den Tod hinaus.
Traurigkeit		Sorgen um eine Freundschaft.
Unglück		Ein Freund hilft dir in der Not.
Unverhoffte Freude		Du wirst ganz überraschend Freundschaft schließen.
Verdruss		Eine Freundschaft bringt Kummer und Sorgen.
Verlust		Du wirst einen Freund verlieren.
Witwe/r		Du wirst für immer einen Freund verlieren.

Unglück

Einzelaussage
Warnung in allen Bereichen.

Beruf
Das ist wohl die schlechteste Karte, die du für dein Berufsleben wählen konntest. Mobbing und Hinterhältigkeiten bestimmen deinen Arbeitstag. Deinen Beruf empfindest du nur noch als Belastung. Vorsicht du kannst dir keine Fehler mehr leisten!

Finanzen
Warnung und Vorsicht bei allen Spekulationen. Du kannst nur verlieren!

Liebe und Leidenschaft
Deine Partnerschaft ist in ernster Gefahr zu zerbrechen. *Unglück* mit Verbindung mit *Eifersucht* sagt dir, deine Eifersucht ist begründet.

Unglück · misfortune
malheur · disgrazia
nesreća · szerencsétlenség

Familie und Freunde
Plötzlich ernste Probleme mit Freunden und Bekannten!

Gesundheit
Du bist sehr unfallgefährdet.
Unglück + Verlust oder Verdruss + Beständigkeit = Arbeitsunfall
Unglück + Verlust oder Verdruss + Reise = Reiseunfall
Unglück + Verlust oder Verdruss + Unverhoffte Freude = Verkehrsunfall
Unglück + Verlust oder Verdruss + Liebe = Schlaganfall
Unglück + Verlust oder Verdruss + Haus = Unfall zu Hause
Ist bei obigen Verbindungen noch die Karte *Tod* dabei, wirst du auf jeden Fall ins Krankenhaus zur Behandlung kommen, ist dagegen statt *Tod* die Karte *Glück* dabei, wird der Unfall nicht so schwere Folgen haben!

Unerwartete Einflüsse
Warnung in allen Bereichen!

Unglück in Verbindung mit:		
Beständigkeit		Arbeitsplatzverlust
Beständigkeit	Krankheit	Berufsunfall
Botschaft		Katastrophenmeldung
Brief		Nachricht über einen Unfall

Dieb		Schwerer Diebstahl
Etwas Geld		Du wirst etwas verlieren.
Feind		Deine eigene Blockade ist an dem Unglück schuld.
Fröhlichkeit		Unfallgefahr bei einer Veranstaltung
Gedanken		Du hast zu viel Angst vor dem Leben
Geistlicher		Deine geistige Welt ist durcheinander gekommen.
Geld		Du wirst sehr viel Geld verlieren.
Geliebte/r		Unfallgefahr für den Partner
Geschenk		Ein Geschenk solltest du nicht annehmen.
Glück		Du hast nochmals Glück gehabt.
Haus		Unfallgefahr im Hause
Heirat		Diese Heirat macht dich sehr unglücklich.
Hoffnung		Du wirst einen Unfall unbeschadet überleben.
Kind		Unfallgefahr für ein Kind
Krankheit		Schwere Krankheit
Liebe		Durch deine Liebe kannst du das Schlimmste abwenden.
Offizier		Starke Probleme mit einer Behörde.
Reise		Diese Reise solltest du nicht antreten.
Sehnsucht		Unfall durch Unachtsamkeit
Tod		Schwere Katastrophe
Traurigkeit		Einsamkeit
Treue		Trauer um eine verlorene Freundschaft.
Unverhoffte Freude		Du hast nochmals Glück gehabt.
Verdruss		Großer Kummer und große Sorgen kommen auf dich zu.
Verlust		Du wirst sehr viel verlieren.

Unverhoffte Freude

Einzelaussage
Überraschung, erfreuliche Ereignisse Freude, Glück, Energie und Kraft.

Beruf
Du kannst dich über diese Karte freuen. Dich erwartet eine Überraschung am Arbeitsplatz. In Verbindung mit der Karte *Geld* wirst du befördert werden und in Verbindung mit *Etwas Geld*, kannst du dich immerhin über eine kleine Gehaltserhöhung freuen. Sollte auch noch die Karte *Richter* im Spiel sein, wirst du endlich die Abteilungsleiterstelle bekommen.

Finanzen

Diese Karte bedeutet auf jeden Fall Geldzuwachs. Du erhältst ein materielles Geschenk, mit Verbindung mit *Treue*, wirst du von Freunden oder deiner Familie beschenkt und mit Verbindung zu der Karte *Glück,* wirst du im Glücksspiel etwas gewinnen.

Liebe und Leidenschaft

Schöne Zeiten wirst du mit deinem Partner erleben. Die Karte *Unverhoffte Freude* bedeutet in Verbindung mit der Partnerschaft, dass sich dein Partner in nächster Zeit sehr um dich bemühen wird. Deine Seele wird verwöhnt. Mit der Karte *Reise* wird dich dein Partner zu einem kleinen Urlaub einladen. Die Kartenkombination *Unverhoffte Freude* und *Heirat*, sagen dir eine plötzliche Eheschließung voraus.

Unverhoffte Freude
unexpected joy
joie imprévue   gioia inattesa
iznenadna sreća
váratlan öröm

Familie und Freunde

Du kannst dich auf ein Geschenk von Freunden freuen, es muss nicht immer einen materiellen Wert darstellen!

Gesundheit

Mach dir keine Sorgen, plötzlich ist jede Krankheit vergessen.

Unerwartete Einflüsse

Unverhoffte Freude ist immer etwas sehr Schönes, da man ja nicht damit gerechnet hat, freut es einen am meisten. Wenn du dir ein Kind gewünscht hast, wirst du in Verbindung mit der Karte *Kind*, bald schwanger werden. Mit der Karte *Hoffnung* oder *Sehnsucht*, gehen endlich deine geheimen Wünsche in Erfüllung. Mit der Kartenkombination *Unverhoffte Freude* und *Unglück* und *Witwe/r* und *Geld*, wirst du eine Erbschaft erhalten.

Unverhoffte Freude in Verbindung mit:		
Beständigkeit		Überraschung am Arbeitplatz
Beständigkeit	Geld	Beförderung
Besuch		Netter Besuch kommt überraschend.
Botschaft		Unverhoffte Nachricht
Botschaft	Geld	Geldzuwendung
Brief		Unverhoffte Nachricht
Brief	Glück	Gewinnmitteilung
Brief	Liebe	Überraschender Liebesbrief
Dieb		Gestohlene Diebesgut bekommst du zurück.
Eifersucht		Deine Eifersucht war unbegründet.

Etwas Geld		Kleine Überraschung
Gedanken		Dein Wunsch geht in Erfüllung.
Geistlicher		Plötzlicher Aha-Effekt
Geld		Gewinnmitteilung
Geliebte/r		Freunde in Verbindung mit dem Partner
Geliebte/r	Geschenk	Ein Geschenk vom Partner
Geliebte/r	Reise	Eine Reise mit dem Partner
Geliebte/r	Heirat	Heiratsantrag
Geschenk		Du wirst mit einem Geschenk überrascht.
Glück		Plötzliches Glück
Heirat		Unerwarteter Heiratsantrag
Hoffnung		Deine Hoffnungen erfüllen sich.
Kind		Plötzliche Schwangerschaft
Liebe		Eine neue Liebe
Offizier		Behördengang ist positiv
Reise		Nicht geplante Reise
Richter		Eine Streitsache geht gut aus.
Treue		Freundschaft wird bewiesen

Verdruss

Einzelaussage
Streit, Hindernisse, Kummer und Sorgen!

Beruf
Du kannst dich bei dieser Karte an deinem Arbeitsplatz unmöglich wohl fühlen! Der tägliche Gang zu
deiner Arbeitsstätte alleine schon stimmt dich mür-
risch. Du solltest schnellstens etwas daran ändern.
Schaue dir die nachfolgende Kartenkombination
an, und entscheide dich, was änderbar ist.

Finanzen
Ja, bei dieser Karte im Hause des Geldes, solltest
du schnellstens versuchen, mehr zu sparen! Schon
der Blick auf den Kontostand ist alles andere als
erfreulich.

Verdruss	anger
chagrin	dispiacere
neprilika	bosszúság

Liebe und Leidenschaft

Die Partnerschaft ist durch Streit und Kummer sehr vergiftet worden. Böse Worte, sind gefallen. Folgen gute Karten, wird sich die mürrische Situation bald ändern.

Familie und Freunde

Konflikte und Streit im Freundeskreis machen dir sehr zu schaffen!

Gesundheit

Deine schlechte Laune spiegelt sich in deiner Seele wieder.

Unerwartete Einflüsse

Kummer und Sorgen kommen auf dich zu. Um welche Art es sich handelt musst aus den nächsten Karten lesen! Sehe dir die Doppelkombinationen an!

Verdruss in Verbindung mit:		
Beständigkeit		Mobbing am Arbeitsplatz, du fühlst dich nicht wohl im Beruf.
Besuch		Missglückte Party
Botschaft		Streit und Kummer kündigen sich an.
Brief		Mahnungen
Brief	Beständigkeit	Abmahnung vom Chef
Dieb		Sorgen wegen eines Diebstahles.
Eifersucht		Eifersüchtige Mitmenschen bereiten dir Kummer.
Etwas Geld		Ärger um Kleingeld
Feind		Verdruss durch falsche Mitmenschen
Fröhlichkeit		Misslungene Veranstaltung
Geld		Geldsorgen
Geliebte/r		Probleme in der Partnerschaft
Geschenk		Ein Geschenk hat dir nicht gefallen.
Glück		Auch ein gutes Ende kann dich nicht freundlich stimmen.
Haus		Ärger um die Wohnung.
Heirat		Streitigkeiten wegen der Hochzeitsvorbereitung.
Kind		Streitigkeiten um Kleinigkeiten
Krankheit		Deine Streitsucht macht dich krank.
Liebe		Streitigkeiten in der Beziehung.
Offizier		Behördenstreit
Reise		Unstimmigkeiten über das Reiseziel.
Richter		Hier hilft nur ein Gerichtsurteil.
Tod		Ärger bei einem Todesfall.
Traurigkeit		Streitigkeiten mit deinem Partner stimmen dich traurig.

Unglück		Es kommt bei dem Streit zur Katastrophe.
Unverhoffte Freude		Auch kleine Freuden stimmen dich nicht friedlicher.
Verlust		Bei dem Streit kannst du nur verlieren.
Witwe/r		Ein Streit macht dich einsam.

Verlust

Einzelaussage
Sorgen, Ärger, Kummer und Aufregung.

Beruf
Vorsicht ist geboten, bei allem was du machst. Du kannst sehr viele Ärger bekommen. Dein Arbeitsplatz ist sehr gefährdet!

Finanzen
Turbulenzen und Aufregungen werden dir wohl nicht erspart bleiben. Vorsicht, die Bank könnte dir den Kredit kürzen.

Liebe und Leidenschaft
Der Verlust des Partners wird durch diese Karte dargestellt!

Verlust   loss
perte   perdita
gubitak   veszteség

Familie und Freunde
Eine Freundschaft geht zu Ende.

Gesundheit
Achte auf Konsum von Genussmitteln. Allzu viel ist ungesund!

Unerwartete Einflüsse
Ja, auch diese Karte stellt für dich eine Lebensänderung dar. Du wirst etwas verlieren, aber vielleicht bekommst du etwas anderes dafür geschenkt. Achte auf die Doppelkombinationen, denn auch bei dieser Karte stimmt das Sprichwort „Ohne Ende kann es keinen Neuanfang geben"!

Verlust in Verbindung mit:		
Beständigkeit		Du wirst deinen Arbeitsplatz verlieren.
Beständigkeit	Glück	Du wirst deinen Arbeitsplatz verlieren, aber etwas Besseres folgt.
Besuch		Ein Besuch kommt nicht.
Botschaft		Es wird dir ein Verlust mitgeteilt.

Botschaft	Geld	Durch Spekulationen mit Wertpapieren hast du große Verluste.
Botschaft	Geliebter	Dein Partner teilt dir mit, dass er dich verlassen wird.
Botschaft	Richter	Ein Gerichtsurteil, das gegen dich ausgesprochen wurde.
Dieb		Diebstahl
Eifersucht		Begründete Eifersucht
Etwas Geld		Kleinigkeiten verlieren
Falschheit		Lügen haben kurze Beine.
Feind		Ein Mensch will dir schaden.
Fröhlichkeit		Keine gute Stimmung
Gedanken		Den Durchblick verlieren
Geld		Du wirst sehr viel Geld verlieren.
Geliebte/r		Dein Partner wird dich verlassen.
Geschenk		Die Erkenntnis aus dem Schaden ist gut für dich.
Haus		Du wirst deine Wohnung verlassen müssen.
Heirat		Keine Sexualität in der Beziehung
Kind		Ein Kind wird dich enttäuschen. Vorsicht, Fehlgeburt.
Krankheit		Eine Krankheit holt dich ein.
Liebe		Keine Liebe in der Partnerschaft.
Reise		Eine Reise findet nicht statt.
Richter		Diesen Prozess wirst du verlieren.
Sehnsucht		Deine Seele ist sehr einsam.
Traurigkeit		Du bist über das Verlorene sehr traurig.
Unglück		Durch ein Unglück wirst du sehr viel verlieren.
Verdruss		Ärger ohne Ende

Witwe/Witwer

Personenkarte
Geschiedene Person, Alleinstehend, Vater und Mutter.

Einzelaussage
Lebenserfahrung, Einsamkeit!

Beruf
Du musst versuchen, deinen beruflichen Weg alleine zu gehen, nur du kannst die richtige Entscheidung treffen!

Finanzen
Belastungen musst du alleine tragen!

Liebe und Leidenschaft
Deinen Weg gehst du für eine bestimmte Zeit alleine. Dieser Weg ist für dich vorherbestimmt, du lernst daraus und das ist gut für dich. Versuche nicht krampfhaft, das Schicksal zu beeinflussen. Wenn die Zeit reif ist, wird sich in Verbindung mit guten Karten diese Situation auch wieder ändern!

Familie und Freunde
Du gehst deinen Weg alleine.

Gesundheit
Du lässt niemanden an dich heran, deine Seele ist krank, vielleicht solltest du mehr beten!

Unerwartete Einflüsse
Diese Karte spiegelt die Macht des Universums wieder. Du musst einen Lernprozess durchwandern, ob du nun willst oder nicht. Eine karmische Zeit muss durchlaufen werden, das ist dein Karma!

Witwer — widower
veuf — vedovo
udovac — özvegy férfi

Witwe — widow
veuve — vedova
udova — özvegyasszony

Witwe/Witwer in Verbindung mit:		
Beständigkeit		Die Krisenzeit an deinem Arbeitsplatz musst du überstehen.
Beständigkeit	Glück	Es geht wieder aufwärts, auf schlechte Tage folgen gute!
Etwas Geld		Keine großen Werte werden vererbt.
Geld		Erbschaft
Geliebte/r		Ein geschiedener oder verwitweter Partner.
Geschenk		Erbschaft
Glück		Du bist glücklich, dass du alleine leben kannst.
Glück		Die Einsamkeit geht bald vorüber.
Haus		Du lebst alleine ohne Partner.
Heirat		Du heiratest einen geschiedenen oder verwitweten Partner.
Kind		Du bist mit deinem Kinde alleine ohne Partner.
Liebe		Liebe bis der Tod euch scheidet.
Reise		Auf dieser Reise wirst du dich sehr einsam fühlen.
Richter		Vorübergehende Trennung
Richter	Tod	Endgültige Trennung
Witwe/r		Partnerschaft, wo jeder seinen eigenen Weg geht.
Andere Kombinationen sind ohne Bedeutung.		

Neue Legearten

Das russische Orakel

Diese Legung habe ich von einer alten Zigeunerin gelernt. Die alte Frau sprach mich eines Tages in einer Stadt an, und bot mir an, für mich auf der Straße die Karten zu legen. Da sie ja somit keinen Tisch oder eine größere Fläche zum Auslegen zur Verfügung hatte, musste sie sich mit wenigen Karten begnügen. Bei dieser Legung müssen nicht erst die Doppelkombinationen betrachtet werden, um zu einer Aussage zu kommen, denn bei dieser Legung entscheidet hauptsächlich die Position, auf der die Karte gelegt wurde über eine positive oder negative Aussage der Karte. Ich habe die alte Frau öfters getroffen und sie hat mir ihr Wissen über die Bedeutungen anvertraut. Diese Legemethode ist sehr gut geeignet für einzelne gestellte Fragen z.B. Werde ich bald einen Freund finden? Werde ich meine Prüfung bestehen? Werde ich heute Glück haben? Werde ich die Beförderung schaffen? Wie entwickeln sich meine Finanzen? Du siehst, mit dieser Legung kannst du nur einen Auszug aus dem großen Kartenbild sehen. Aber oftmals sind es ja nur ganz gezielte Fragen auf nur ein Ereignis, das die Menschen von der Zukunft sehen möchten. Und dann ist diese Legemethode auch speziell für Anfänger eine sehr gute Möglichkeit, schnell und zuverlässig Auskunft zu geben.

Für diese Legung benötigst du die Personenkarte als Signaturkarte und eine Karte, die deine Frage symbolisiert. Des Weiteren benötigst du drei weitere Karten, die aber völlig ohne Bedeutung sind.

Also, leg nun die Signaturkarte in die Mitte und nimm die Symbolkarte aus dem Kartendeck und wähle völlig wahllos 3 weitere Karten, diese Karten haben für die Deutung keine Bedeutung. So, nun nimmst du die 3 Karten und die Symbolkarte und mischst diese 4 Karten gut durch. Dann werden diese Karten verdeckt ausgelegt. Die 1. Karte legst du an die 1. Position, die 2. Karte an die 2. Position usw. Nun kannst du die Karten aufdecken und du schaust, auf welcher Position liegt die Symbolkarte. Nun kannst du die gestellte Frage beantworten.

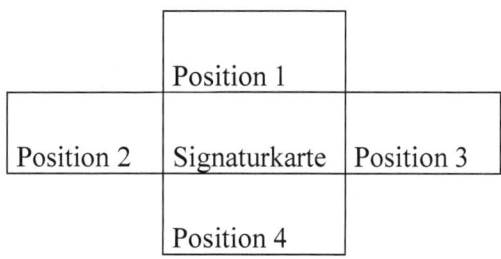

Als Symbolkarte wählst du

Für die Frage nach:	die Karte:
Beruf:	*Beständigkeit*
Deine Beziehung zu deinem Partner:	*Heirat*
Finanzen:	*Geld*
Freunde:	*Treue*
Gesundheit:	*Krankheit*
Glück:	Glück
Hoffnungen und Wünsche:	*Sehnsucht*
Projekte:	*Haus*
Schicksalsschläge:	*Unglück*
Totale Veränderungen:	*Tod*

Deutungen der einzelnen Positionen für die jeweilige Symbolkarte:

Beruf = *Beständigkeit* auf
Position 1:   Erfolg im Beruf, du wirst es weit bringen.
Position 2:   Deine Hoffnungen erfüllen sich.
Position 3:   Du wirst auf Wiederstand stoßen.
Position 4:   Du wirst deine Arbeitsstelle verlieren.

Deine Beziehung zu deinem Partner = *Heirat* auf
Position 1:   Gegenseitige Verpflichtungen durch die Partnerschaft.
Position 2:   Eine Verbindung mit einem reichen Menschen.
Position 3:   Unstimmigkeiten in der Partnerschaft.
Position 4:   Endgültige Trennung vom Partner.

Finanzen = *Geld* auf
Position 1:   Du wirst einen großen Geldbetrag in Kürze bekommen.
Position 2:   Du wirst etwas unternehmen, das dir sehr viel Erfolg und sehr viel Geld einbringen wird. Denkst du an berufliche Verände-

rungen, solltest du die Chance nutzen. Der Erfolg ist dir sicher!

Position 3:   Ein unverhoffter Glücksfall kommt dir finanziell zugute.

Position 4:   Du wirst lange warten müssen, um deine Ziele zu erreichen.

Freunde = *Treue* auf

Position 1:   Du hast eine gute und partnerschaftliche Beziehung zu deinen Freunden.

Position 2:   Freunde werden dir auch in Not helfen.

Position 3:   Deine Freunde werden dich sehr enttäuschen.

Position 4:   Eine Freundschaft wird sich sehr verändern.

Gesundheit = *Krankheit* auf

Position 1:   Du kannst stolz auf deinen Körper und deinen Geist sein.

Position 2:   Keine großen Krankheiten.

Position 3:   Eine Krankheit wirst du bald überstanden haben.

Position 4:   Vorsicht, geh zum Arzt, die Krankheit ist sehr ernst zu nehmen.

Glück haben = *Glück* auf

Position 1:   Alle deine Wünsche werden sich erfüllen.

Position 2:   Dein Glück wird durch Einflüsse leicht getrübt sein.

Position 3:   Vorübergehender Ärger, aber letztendlich geht die Sache gut für dich aus.

Position 4:   Das Glück, dein Ziel zu erreichen, wird dir verwert sein.

Ehe = *Heirat* auf

Position 1:   Du wirst bald heiraten, solltest du bereits in einer ehelichen Gemeinschaft leben, wird diese Ehe für immer sein. Bis das der Tod euch scheidet!

Position 2:   Du wirst einen neuen Partner kennen lernen.

Position 3:   Du hast in deiner Beziehung große Probleme, du wirst aber eine Lösung finden.

Position 4:   Trennung und Scheidung.

Hoffnungen und Wünsche = *Sehnsucht* auf

Position 1:   Du wirst erben oder gewinnen.

Position 2:   Du wirst auf deinem Beruf sehr erfolgreich sein.

Position 3:   Du wirst bald eine schöne Reise machen.

Position 4:   Materieller Verlust.

Projekte = *Haus* auf

Position 1:   Du hast mit deinem Projekt Erfolg.

Position 2:   Dieser Schritt führt zum Ziel.

Position 3:	Nimm dich vor deinen Partner in acht.
Position 4:	Dieses Projekt geht nicht gut aus.

Schicksalsschläge = _Unglück_ auf

Position 1:	Keine Unfallgefahr.
Position 2:	Unfallgefährdet, diese Karte ist sehr ernst zu nehmen!
Position 3:	Unfall ohne Folgen.
Position 4:	Streit und Kummer in deinem Leben.

Totale Veränderungen = _Tod_ auf

Position 1:	Krankheiten.
Position 2:	Beruflicher Ärger.
Position 3:	Streit und Ärger in der Familie.
Position 4:	Negative Entwicklung in der Partnerschaft.

Das Haus des Lebens

Dein Haus des Lebens baust du bereits vor deiner Geburt. Du legst bereits zu diesem Zeitpunkt deinen Lebensweg und dein Schicksal auf Erden fest. Die Karten sind der Schlüssel, zum Öffnen der Türen in diesem Haus. Es enthält dein Schicksal, das du in einer anderen Zeit für dich bestimmt hast. Diese Legung wurde von mir selbst entwickelt und du findest sie in keinem anderen Buch beschrieben.

Dieses Haus hat ein Erdgeschoss, ein erstes, zweites und drittes Stockwerk sowie ein Dachgeschoss. Jede Ebene hat verschiedene Türen zu Zimmern, in denen das Geheimnis Schicksal sich verbirgt. Die Karten sind gleichzeitig Haustür, Wohnungs- und Zimmerschlüssel zum Betreten des Hauses.

Bei der ersten Ebene handelt es sich um das Thema Beruf und Finanzen. Diese Ebene ist aufgeteilt in ein augenblickliches berufliches Umfeld, sowie um ein Zimmer, in dem sich deine beruflichen Veränderungen befinden. Ich werde immer wieder gefragt, wie erkenne ich im Kartenbild bei guten sowie schlechten Karten, ob es sich um den jetzigen Arbeitsplatz dreht oder ob vielleicht ein Arbeitsplatzwechsel hinter den Karten verborgen ist. Durch diese mehrfache Unterteilung, kannst du sehr gut erkennen, um welchen Arbeitsplatz es sich handelt. Hinter einer weiteren Zimmertür liegt das Geheimnis deiner Finanzen. Bei vielen Büchern werden die Rubriken Beruf und Finanzen zusammen betrachtet. Die Legung das Haus des Lebens unterscheidet diese Themen, denn es kann in deinem beruflichen Umfeld alles wunderbar laufen und deine Finanzlage kann trotzdem nicht dem positiven Kartenbild entsprechen. Aus diesem Grunde hast du bei der Legung das Haus des Lebens eine genaue Definition über einzelne Punkte. Auf diesem Stockwerk gibt es außerdem noch die Zimmer Aktienmarkt, Erbschaft und Gewinne aus Glücksspielen.

Das erste Stockwerk gibt dir Auskunft über das Schicksal Liebe, Familie und Kinder. Wenn du kein Kind hast, wirst du im Zimmer Kind 1 sehen können, ob du vielleicht schwanger bist oder bald werden wirst. Hast du mehrere Kinder, so kannst du für jedes Kind eine Zimmertür öffnen. Das Gleiche gilt auch für Enkelkinder. Die Liebe ist ebenfalls in verschiedenen Zimmern dargestellt. Das Zimmer Ehe und Liebe verrät dir alles über deine jetzige Partnerschaft und das Zimmer Liebesbeziehung verrät dir alles über eventuelle weitere Partnerschaften, die du in deinem weiteren Leben eingehen wirst.

Im zweiten Stockwerk findest du die Zimmer für Freunde, Eltern, Geschwister, selbst über deine Schwiegertochter oder deinen Schwiegersohn, wenn du darüber etwas wissen möchtest.

In der dritten Ebene verrät dir das Schicksal alles über deine Gesundheit, Operationen oder eventuelle Unfälle. Es gibt auf diesem Stockwerk aber noch ein sehr großes Zimmer, das Zimmer für das Unerwartete. Auf deinem weiteren Lebensweg können sich Dinge ereignen, die du nicht abgefragt hast und aus diesem Grunde verrät dir dieses Zimmer alles, was unerwartet auf dich zukommen wird. Da das Unerwartete sehr umfangreich sein kann, ist dieses Zimmer größer als die anderen. Leg in dieses Zimmer immer mindestens 2 Karten.

Das Dachgeschoss enthält das Zimmer des Zeitpunktes eines großen Ereignisses. Wenn du Glück hast, fällt eine Zeitkarte in dieses Zimmer. Wenn nicht, gilt immer der Zeitraum bis zu 2 Jahre oder der von dir, vor der Legung, festgelegte Zeitraum.

Beginn nun die Karten zu mischen, konzentriere dich auf das, was du über dein Leben wissen möchtest. Du kannst nun mit dem Stoß Karten jedes Stockwerk und jedes Zimmer betreten, je nachdem, was du wissen möchtest.

Wenn du nun deine Karten gut gemischt hast, heb dann einmal vom Kartenstoß ab. Diese Karte gibt dir über die Charaktereigenschaften der Person, für die du legst, Auskunft. Die Kartenstöße werden wieder aufeinander gelegt und nun solltest du dich entscheiden, welches Zimmer du mit deinen Karten betreten möchtest. Du kannst sowohl ein Zimmer als auch einzelne ausgewählte oder auch alle Zimmer betreten. Beginne mit der Legung im Erdgeschoss von links nach rechts. Gehe von Stockwerk zu Stockwerk, lege nie wild durcheinander sondern halte dich an die Spielregel von unten nach oben und immer von links nach rechts. Wenn dich einzelne Zimmer nicht interessieren, legst du einfach keine Karten in dieses Zimmer. Du kannst in jedem Zimmer bis zu 3 Karten legen. Denke aber daran, du kannst mindestens 23 Zimmer betreten und du besitzt nur 36 Karten. Hast du nicht alle Karten gelegt, so können diese Karten für nicht verständliche Kartenbilder genutzt werden. Hast du ein Kartenbild in einem Zimmer nicht richtig deuten können, so kannst du zum besseren Verständnis aus dem nicht gebrauchten Kartendeck Karten nachträglich zum Kartenbild dazu legen, und so kannst du durch eventuelle Doppelkombinationen mehr sehen.

Möchtest du über den Arbeitsplatz, Liebe, Gesundheit oder Freunde von anderen Menschen, wie Partner, Kinder oder andere Personen wissen, musst du das Haus des Lebens der jeweiligen Person betreten. Es gibt dir dann Auskunft über das, was du wissen möchtest.

Nun wünsche ich dir viel Glück um die Unendlichkeit des Universums zu sehen. Aber denke auch daran, es können auch nicht erfreuliche Sachen im Schicksalshaus enthalten sein. Du besitzt hoffentlich die Stärke, damit umzugehen.

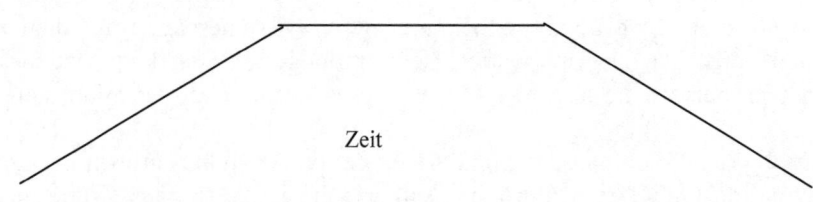

				Das Uner-wartete		
Gesundheit	Operationen	Unfall				
Freunde	Eltern	Schwieger-eltern	Geschwister	Schwieger-tochter	Schwieger-sohn
Ehe und Liebe	Liebesbe-ziehungen	Familie	Kind 1	Kind 2	Enkelkind
Berufliches Umfeld	Berufliche Veränderung	Finanzen	Aktienmarkt	Erbe	Glücksspiel

Name: Datum: Geburtstag:

Zeitkarten:

Glück:	sehr bald, sofort
Krankheit:	1 Jahr
Offizier:	2-3 Jahre
Besuch	Frühjahr
Unverhoffte Freude:	Sommer
Traurigkeit:	Herbst
Geistlicher:	Winter

Charaktereigenschaften:	
Beständigkeit	ausgeglichen
Besuch	charmant
Botschaft	lebhaft
Brief	oberflächlich
Dieb	hinterhältig
Eifersucht	eifersüchtig
Etwas Geld	mal glücklich, mal traurig
Falschheit	Dieser Mensch ist hinterhältig, Vorsicht bei der Legung.
Feind	feindlich, vor allem Neuen Angst haben
Fröhlichkeit	setzt sich gerne in Szene
Gedanken	nachdenklich
Geistlicher	religiöser Mensch
Geld	zufriedener Mensch
Geliebte/r	wird von allen geliebt
Geschenk	offenherzig
Glück	kann sich über alles freuen
Haus	häuslicher Mensch
Heirat	man fühlt sich gebunden
Hoffnung	einsam
Kind	naive Person, kindisch
Krankheit	Angst vor Fremden
Liebe	liebenswürdig
Offizier	dominante und starke Persönlichkeit
Reise	mit der Situation unzufrieden
Richter	gerecht
Sehnsucht	depressiv
Tod	zu Tode betrübt
Traurigkeit	sensibler Mensch
Treue	sehr freundlich, kameradschaftlich
Unglück	sehr zurückgezogen
Unverhoffte Freude	in Not immer für einen da
Verdruss	ärgert sich über alles
Verlust	Angst vor dem Handeln
Witwe/r	Eigenbrödler

Andere Legearten:

Die Tageskarte

Aus allen gemischten Karte werden bis zu 2 Karten gezogen, diese Karten sagen dir, wie dein heutiger Tag verlaufen wird. Wo sind heute deine Stärken oder Schwächen.

Die Wochenlegung

Diese Legung sagt dir, was die Woche dir so bringen wird, Höhen und Tiefen in allen Lebensbelangen. Gedeutet wird für jeden Tag eine Karte.

	Mittwoch 3. Karte	
	Dienstag 2.Karte	Donnerstag 4. Karte
Montag 1. Karte		Freitag 5. Karte
	Samstag 6. Karte	
	Sonntag 7. Karte	

Die Legung „Allgemeiner Überblick"

Karte 1:   Allgemeine Situation
Karte 2:   Beruf
Karte 3:   Partnerschaft
Karte 4:   Meine Gesundheit
Karte 5:   Finanzielle Situation
Karte 6:   Wichtiger Ratschlag aus dem Universum

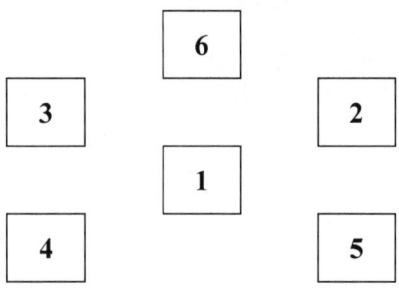

Die Entscheidung

Nachdem alle Karten gemischt sind werden 7 Karten als Deutungskarten gelegt. Bitte Reihenfolge genau beachten:

Karte 1   Darstellung des Problems
Karte 2,4,6   Positive Einflüsse: Das spricht dafür.
Karte 3,5,7   Negative Einflüsse: Das spricht dagegen.
Karte 8   Entscheidungen

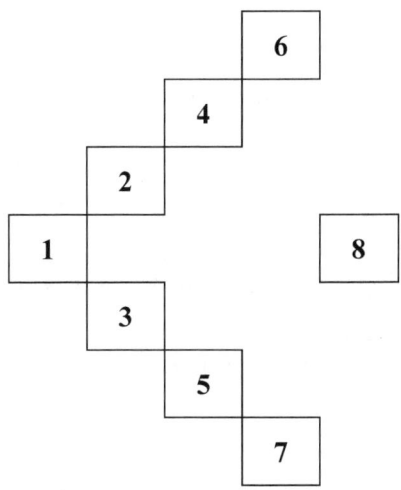

Das Keltische Kreuz

Mit dem Keltischen Kreuz kann eine konkrete Fragestellung eingehend analysiert werden.
Die jeweiligen Häuser werden in bestimmten Zusammenhängen betrachtet und geben dadurch gezielt Aufschluss zum Fragethema.

Karte 1:   Jetzige Situation, was dich bewegt.
Karte 2:   Wodurch entstand die Situation?
Karte 3:   Was beschäftigt dich? Wie möchtest du deine Ziele erreichen?
Karte 4:   Was trittst du mit Füßen?
Karte 5:   Welche Einflüsse aus der Vergangenheit bestimmten deine jetzige Situation?
Karte 6:   Was kommt als Nächstes?
Karte 7:   Innere Einstellung zum Problem
Karte 8:   Einflüsse aus deinem Umfeld, so sehen es die anderen.

Karte 9:   Hoffnungen und Ängste
Karte 10:   Das wirst du erreichen, das ist die Zukunft.

Es werden beim Keltischen Kreuz alle 36 Karten gut gemischt und es werden insgesamt 10 Karten wie unten beschrieben ausgelegt.

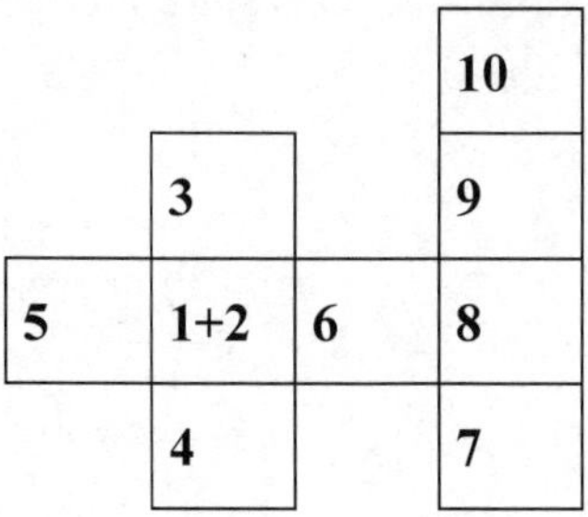

		10
	3	9
5	1+2	6	8
	4		7

Die Partnerschaftsanalyse

Es werden bei der Legung die Partnerschaftsanalyse alle 36 Karten gut gemischt und es werden insgesamt 14 Karten befragt. Die Plätze sind von nachfolgender Bedeutung:

Platz 1:   Die Situation der Partnerschaft
Platz 2:   Du selbst in Bezug auf die Partnerschaft
Platz 3:   Dein Partner in Bezug auf die Partnerschaft
Platz 4:   Woher kommt die Partnerschaft?
Platz 5:   Wohin geht die Zukunft?
Platz 6:   Deine Erwartungen
Platz 7:   Deine Befürchtungen
Platz 8:   Was gibst du in der Partnerschaft?
Platz 9:   Was bringst du zu wenig ein?
Platz 10:   Die Erwartungen deines Partners
Platz 11:   Die Befürchtungen deines Partners
Platz 12:   Was gibt mir mein Partner?
Platz 13:   Was bringt mein Partner zu wenig ein?
Platz 14:   Das ist die Lösung

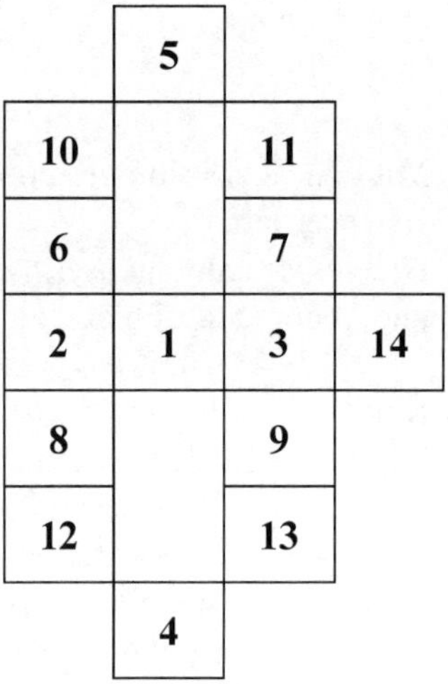

Die Partnerentscheidung

Du kannst dich nicht entscheiden, ob dein jetziger Partner oder der Mann, den du gerade kennen gelernt hast, vielleicht der richtige Lebensgefährte für dich ist. Wie sollst du dich entscheiden?
Es werden alle Karten gemischt und 5 Karten, wie unten beschrieben ausgelegt.

Platz 1: Was gibt mir mein alter Partner?
Platz 2: Was beeindruckt mich an meinem neuen Partner?
Platz 3: Was soll ich tun?
Platz 4: Wie soll es tun?
Platz 5: Was bringt es mir?

```
┌─────────┐      ┌─────────┐
│    1    │      │    2    │
│         │      │         │
└─────────┘ ┌────┴────┐└───┘
            │    3    │
            ├─────────┤
            │    4    │
            ├─────────┤
            │    5    │
            └─────────┘
```

Die Legung „Beziehungsspiel"

Karte 1: Das Thema, was dich in der Beziehung beschäftigt?

Karte 7 + 2: Bewusste Ebene, auf der sich die Partnerschaft stützt, was jeder bewusst fühlt, empfindet erhofft oder befürchtet?

Karte 6 + 3: Seelischer Bereich in deiner Beziehung, was sich jeder wünscht, empfindet erhofft oder befürchtet?

Karte 5 + 3: Die nach außen hin gezeigte Haltung.

Der Fragende:		Der Partner:
7		2
6	1	3
5		4

Es werden alle 36 Karten gemischt und 7 Karten zur Befragung ausgelegt.

Die Legung „Berufsorakel"

Es werden alle 36 Karten gemischt und 8 Karten zur Deutung verwendet

Karte 1:	Mein Beruf
Karte 2:	Positive Kräfte oder Behinderung
Karte 3:	Was wünsche ich mir bewusst?
Karte 4:	Das ist die Realität.
Karte 5:	Meine unbewussten Wünsche
Karte 6:	Meine berufliche Zukunft
Karte 7:	Welches Karma erfülle ich auf diesem Weg?
Karte 8:	Mein berufliches Ziel

```
      +---+        +---+
      | 3 |        | 8 |
  +---+---+---+---+---+
  | 4 | 1 | 2 | 7 |
  +---+---+---+---+
      | 5 |        | 6 |
      +---+        +---+
```

Die Legung „Das Geheimnis"

Bei der Legung mit Tarotkarten wird dieses Legesystem als das der „Hohen Priesterin" bezeichnet. Das Geheimnis ist auf dieselbe Legeausrichtung aufgebaut. Es werden nach dem Mischen 9 Karten zur Deutung verwendet.

Karte 1:	Betrifft das Thema, das dich beschäftigt.
Karte 2:	Beschreibt die Hauptimpulse, die das Thema verstärken oder behindern können.
Karte 3:	Zeigt den gegenwärtigen Haupteinfluss.
Karte 4:	Verrät dir den Einfluss der gewinnenden Kraft.
Karte 5:	Verrät dir den Einfluss der verlierenden Kraft.
Karte 6:	Einflüsse, die unbewusst wahrgenommen werden
Karte 7:	Einflüsse, die bereits klar erkannt sind
Karte 8:	Unmittelbares Geschehen, das als Nächstes kommen wird.
Karte 9:	Das Geheimnis wird gelüftet, das ist die Zukunft.

```
          +-----+
          |  3  |
    +-----+-----+-----+
    |  4  |     |  5  |
+---+-----+-----+-----+
|  6  | 1+2 |  7  |
+-----+-----+-----+
          |  9  |
          +-----+
          |  8  |
          +-----+
```

Die Legung „Die Jahreslegung"

Die 36 Karten werden gut gemischt und auf 3 Päckchen zu je 12 Karten gelegt. Diese Kartenpäckchen werden dann nochmals gemischt und wie folgt ausgelegt. Die einzelnen Monate verraten dir nun, was dich das Jahr über so alles beschäftigen wird, was dein Schicksal in diesem Jahr mit dir vorhat. Du siehst bei dieser Legung nicht nur, was das deine Zukunft bringt, sondern auch genau in welchem Monat.

	vom 1. Pack Karte	vom 2. Pack Karte	vom 3. Pack Karte		vom 1. Pack Karte	vom 2. Pack Karte	vom 3. Pack Karte
Januar	1	1	1	Juli	7	7	7
Februar	2	2	2	August	8	8	8
März	3	3	3	September	9	9	9
April	4	4	4	Oktober	10	10	10
Mai	5	5	5	November	11	11	11
Juni	6	6	6	Dezember	12	12	12

Nachwort

Die Zigeuner Wahrsagekarten begleiten dich in eine Welt in der Du spirituelle Erfahrungen machen wirst. Ihre Weisheit entstammt einer uralten Tradition eines „fahrenden Volkes", das sich Zigeuner nannte. Bei den Zigeunern hat die Wahrsagerei einen festen Platz in deren Leben eingenommen. Dieses Volk konnte die Kräfte der inneren und der äußeren Welt verstehen. Sie benutzen die Karten als seelisches Barometer. Sie vererbten die Tradition des Kartenlegens von der Mutter oder der Großmutter auf die Tochter oder die Enkelin. Sie sind wahre Meister auf dem Gebiet des Kartenlegens. Mit diesen Karten kannst auch du die Mystik und die Unendlichkeit des Universums erkennen. Du wirst dann bereits über Ereignisse informiert, die einmal den Namen Schicksal bekommen werden. Hast du einmal die Mystik erlebt, wird die Wahrsagerei auch in deinem Leben einen festen Platz einnehmen. Ich wünsche dir viel Erfolg!

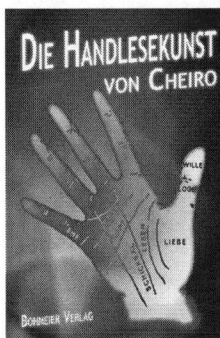